未来领导

[美]斯科特·史密斯
（Scott Smith）

[加]玛德琳·阿什比
（Madeline Ashby）

著

李小丽 译

极度变革时代的领导和创造意义

中国科学技术出版社
·北 京·

北京市版权局著作权合同登记 图字：01-2021-1657。

图书在版编目（CIP）数据

未来领导：极度变革时代的领导和创造意义 /（美）
斯科特·史密斯，（加）玛德琳·阿什比著；李小丽译
. —北京：中国科学技术出版社，2022.7
书名原文：How to Future

ISBN 978-7-5046-9572-7

Ⅰ.①未… Ⅱ.①斯… ②玛… ③李… Ⅲ.①企业领
导学 Ⅳ.①F272.91

中国版本图书馆 CIP 数据核字（2022）第 121733 号

策划编辑	申永刚　陆存月	
责任编辑	杜凡如	
版式设计	蚂蚁设计	
封面设计	仙境设计	
责任校对	邓雪梅	
责任印制	李晓霖	

出　　版	中国科学技术出版社	
发　　行	中国科学技术出版社有限公司发行部	
地　　址	北京市海淀区中关村南大街 16 号	
邮　　编	100081	
发行电话	010-62173865	
传　　真	010-62173081	
网　　址	http：//www.cspbooks.com.cn	

开　　本	880mm×1230mm　1/32	
字　　数	156 千字	
印　　张	8	
版　　次	2022 年 7 月第 1 版	
印　　次	2022 年 7 月第 1 次印刷	
印　　刷	北京盛通印刷股份有限公司	
书　　号	ISBN 978-7-5046-9572-7/F·1019	
定　　价	69.00 元	

（凡购买本社图书，如有缺页、倒页、脱页者，本社发行部负责调换）

学术圈里有一个老掉牙的笑话："对于某个事情，谁会，谁就去做；谁不会，谁就去教其他人。"但当今许多未来主义者既想做事又想教人，又很难做到两者兼得。对于阿拉伯联合酋长国中的迪拜酋长国（简称"迪拜"）政府里的未来主义领袖来说，这听起来可能非常刺耳。迪拜可以说是世界上最具前瞻性和远见性的城市之一。但在英国脱欧、网络攻击、亚马孙大火、冰川融化以及几乎所有事情持续动荡的情况下，读者们可能会问，所有这些关于未来的东西对我们是否真正有用，这样的质疑显然情有可原。几十年来，世界一直在思考未来，然而我们却继续盲人摸象，已然乱作一团，迷失了方向，并且这种事件发生的频率和严重性也在与日俱增。

事实上，大多数的未来主义按照传统意义是行不通的，至少，如果您对"工作"的定义包括在真正重要的决策上做出改变的话，是行不通的。遗憾的是，这种情况并不少见。未来主义领域最优秀、发刊时间最长的学术期刊之一《技术预测与社会变革》（*Technological Forecasting and Social Change*）刊登过一篇相关的研究论文，其对50多年前的前瞻性研究进行了总结与回顾，发现了一种令人躁动不安的模式。早在1972年，战略远见实践的有效性就出现了"日益高涨的幻灭与质疑"[1]，一些有远见的专业人士为此哀叹连连，但正如各地嗜酒如命的人一样，我们往往选择责怪客户和雇主，而不扪心自问自己是否有做错。10年后，美国一家大型公共事业公司发现，他们在近20年内做的5年预测案例没有一个是准确无误的。他们得出的结论是，整个过程"毫无价值"。[2]最后，新近一项对77家不同公司的研究表明，只有不到1/3的未来主义者从这项工作中获得了些许价值。[3]事实上，无论是过去还是现在，人们所做的前瞻性实践往往徒劳无功。一方面是因为没有得到较好的实践，另一方面是因为这种实践"与规划过程脱钩"[4]。有了这样的业绩记录，人们才会认为未来主义者基本上都是自私自利的推销人员，会告诉他们的经理他们的所思所想对世界的实际影响相对较小，然而，这究竟应该指责谁呢？

致力于变革的人们又应该做些什么呢？

随着世界变得越来越离奇古怪，人们自然而然会寻求更好的工具来理解正在发生的事情。有人甚至会说，我们有责任去理解未来，尽管这可能极其困难，但我们要拼尽全力去解决这个问题，并将其转化为有意义的组织行动。正如在本书开头几章中引用的布鲁斯·斯特林（Bruce Sterling）所说的："人们需要对接下来会发生的事情充满信心，并意识到在那之后还会发生更多的事情。未来是一个过程，而不是终点；未来是动词，而不是名词。"[5]对于我们目前经历的社会、政治和经济动荡的现状，这一点尤其正确。

那么，如果您是一名高管、一名公务员、一名企业家、一名活动家，或者只是想做些改变的人，您该向哪里求助呢？在此我将要告诉您："这次完全与众不同。"——如果您正在阅读本书，这的确有可能是真的。

好消息是，尽管大多数的公司顾问和老派的未来主义者都在使用同样老套的技术、陈旧的思维模式和乌托邦式的销售口号进行工作，但新一代的设计师、未来主义者和从业人员却日复一日地在自己工作的战壕里辛苦跋涉，想探究什么策略是真正切实可行的，如何让未来充满价值，以及能够产生什么样的影响，等等。本书就是为达到此种目的，由业内备受尊敬的两位从业者经过多年努力编著而成。

如果公司战略是要确保人人同意，无人躁动不安，那么本书就是关于公司严酷的事实真相、午夜之时的努力奋斗和发展潜力的鼓舞。本书是关于当您的老板在凌晨3点给您打电话并让您在天亮之前制定出应对危机的策略时，您寻求应对之法的建议之书；也能教您如何推销那些即使在敌对环境中也能真正扭转乾坤的危险构想；本书更是关于在瞬息万变、飘忽不定和普遍焦虑的世界中领导变革所必需的妙招、绝技和意外联盟之书。

本书的观点和经验的区别在于被消防员、护士和应急响应人员所称的"自然主义决策"[6]。自然主义决策侧重于告诫人们如何在现实世界中而不是在象牙塔中做出决策，并在此基础上发展专业实践。像护士或者消防队员一样，斯科特·史密斯和玛德琳·阿什比敏锐地观察到了真实的人在真实的组织环境中的行为举止，包括在组织中人们如何做出真实的决定，以及交付重要的项目可以从哪些方面来下手等内容。他们二人基于多年来总结出的经验教训，编制了一个功能模型。因此，本书可以称为我曾读过的最实用、最有用的前瞻性图书之一。

本书为您提供了一系列经过测试的变革工具，这些工具将帮助您理解如何开展前瞻性项目，如何交付这些项目，以及如何利用各种力量真实地完成任务。我则是从自身的经历了解到了这一点。在过去的15年里，我与斯科特和玛德琳及一些下一代"远见忍者"在迪拜和其他地方一起工作——从事真正重要的项目，其结果不言而喻。

如果您关心未来，或者真正关心自己对世界产生的影响，那么我推荐《未来领导——极度变革时代的领导和创造意义》（以下简称《未来领导》）这本书给您是最好不过的事情。

诺亚·拉福德（Noah Raford）

迪拜未来基金会首席未来学家兼全球事务总监

致谢

> 我的工作不是得出一个最终答案，而是向大家展示最终答案。我认为我的工作是打开门或者打开窗户，但是谁进谁出，谁能从窗户看到什么，我无法知道。
>
> ——乌尔苏拉·k.勒奎恩（Ursula K. LeGuin）[1]

从某些方面而言，本书迟到了十多年，而从另一些方面来看，它恰逢其时。陷入"咨询框"的人们和公司通常会在其历史的早期就制作出某种形式的有关领导力思想的书，并将其用作业务发展的引擎。我对此再熟悉不过，因为我的第一个专业任务就是研究有关20世纪90年代初期管理理论家写巨著的现象。从那时起，我看到我的同伴们写了一个又一个的作品，而我和我的同事们则静静地做着自己的工作，从未想着停下来记录我们的工作或过程，除了个人偶尔写反思性的博客或文章。作为非学术界人士，我们很庆幸自己的书没有面临未出版就出局的尴尬局面，并且我们很少有时间退一步，从方法论角度来考虑在其他方面可能取得的进展。

过去十几年的试验，在几个学科边缘的工作，再加上十年来教授的各种未来、设计和战略的交叉混合课程，最终促使我们把这些都记录下来。一方面是为了填补我们在那段时间里所缺失的指导性文本，另一方面也是为了把我们所学的一些方法记录下来，以便将一个复杂的话题传达给非常广泛的受众。这个关键的时刻让我们觉得这是一个关键的机会，可以把我们的工具和方法从教室和会议室中拿出来，放在大街上。现在，它们就在这里。

使这一切成为可能源于两个重要的因素以及少数几个非常重要的人。首先，我要感谢我的合作伙伴苏珊·考克斯-史密斯（Susan Cox-Smith），感谢她对我们应该采取行动所抱有的信心，以及她作为一线编辑和匿名撰稿人所做的不懈努力。她能够理解并极大地改进我们传给她的如同大坝溃决般的文本。在她的支持下，我们共同开发了本文提到的方法和工具，并为在教室和车间环境的实验提供了智能协助，她的积极参与和所做的努力使这项工作得以开展。我也非常感谢她多年来给予我的鼓励和她非凡的创造力。

同样，如果没有阿尔夫·雷恩（Alf Rehn）博士的帮助，本书也不可能问世。这位有着黑色幽默和敏锐头脑的创新思想家、作家和旅伴，慷慨地把我们介绍给了英国科根出版社（Kogan Page）的优秀员工，特别是我们的委托编辑杰拉尔丁·科拉尔德（Geraldine Collard）。与杰拉尔丁一起工作就像我们所希望的任何关系一样——轻松愉悦、富有成效和齐心协力。她和海伦·科根（Helen Kogan）及其团队为本书所做的宣传，从一开始就极大地增强了我们的信心。

当然，我的写作伙伴玛德琳·阿什比（Madeline Ashby）更值得称赞，因为她帮助我提炼出了创作这部作品的理念，让我们有机会写下这部作品，激发了我们新的思想，唤起人们的回忆，并帮助我们用语言表达作为从业者所经历的许多不同寻常而又平凡的经历。

除此之外，近年来有很多人直接或间接地为本书的出版提供了支持。无论是过去还是现在，我都万分感谢我的变革主义者团队（Changeist）[1]的同事们。他们是特雷西·斯塔福德·克罗夫特（Traci Stafford Croft）、娜塔莉·凯恩（Natalie Kane）、斯杰夫·范·加伦（Sjef van Gaalen）和莉莉·希金斯（Lily Higgins）。同时，我还要感谢我在史密斯学院的合作者和联合讲师约翰·威尔希尔（John Willshire），无可比拟的体验式未来和设计小说实践者法比恩·吉拉丁（Fabien Girardin），近期未来实验室的尼古拉斯·诺瓦（Nicolas Nova）和朱利安·布莱克（Julian Bleecker），超级通量实验室的阿纳布·贾恩（Anab

---

[1] Changeist，是由作者创建的一个由未来研究和咨询公司的人员组成的团队。——译者注

Jain）和乔恩·阿登（Jon Ardern），奇异遥测技术的贾斯汀·皮卡德（Justin Pickard）、乔治娜·沃斯（Georgina Voss）和托比亚斯·雷维尔（Tobias Revell），FoAM实验室特拉特阿姆斯特丹团队的马贾·库兹马诺维奇（Maja Kuzmanovic）和尼克·加夫尼（Nik Gaffney），我们的新加坡未来家族——霍诺尔·哈格（Honor Harger）、谢丽尔·钟（Cheryl Chung）、艾丽尔·穆勒（Ariel Muller）和乔·法恩·李（Chor Pharn Lee）以及有远见的克里斯汀·阿尔福德（Kristin Alford）、温迪·舒尔茨（Wendy Schultz）、安妮·加洛韦（Anne Galloway）、苏珊·斯坦（Suzanne Stein）、安东尼·汤森（Anthony Townsend）、李湛（Li Zhan）、安德鲁·库里（Andrew Curry）、布里奇特·恩格尔（Bridgette Engeler）、理查德·桑福德（Richard Sandford）、约翰内斯·克莱斯凯（Johannes Kleske）、伊戈尔·施瓦兹曼（Igor Schwarzmann）、格雷格·林赛（Greg Lindsay）和阿拉西·克里希南（Aarathi Krishnan）。我从在过去几年中在各个阶段与他们的交谈中受到了启发和反思。这些启发和反思都让我们提升了自己的写作水平，并以一些有价值的方式写入了本书。同时，也要感谢布鲁斯·斯特林和沃伦·埃利斯（Warren Ellis），这两位文化反思者为我们的世界提供了更多视角。

如果没有相关机构的支持，本书也是不可能完成的。它使我们经常能够在温馨的环境里，引导大量出色的学生和其他参与者来对材料进行压力测试。特别要感谢诺亚·拉福德博士、杰西卡·布兰德（Jessica Bland）以及迪拜未来基金会过去和现在的团队，还有迪拜未来学院的赛义德·艾尔·格加维（Saeed Al Gergawi）、马哈·艾尔·梅扎尼亚（Maha Al Mezania）、萨拉·艾尔·苏威迪（Sara Al Suwaidi）、努尔·加斯帕德（Nour Gaspard）和阿斯玛·阿罕默德（Asma Alhamed）的信任和支持。还要感谢玛丽娜·奥詹（Marina Ojan）、乔安娜·莱特拉斯（Joana Literas）和他们在巴塞罗那工程设计学院的硕士课程的团队。更要感谢莫妮克·范·杜塞尔多普（Monique van Dusseldorp），她鼓励了我们让本书早日出版❶，并为我们在荷兰和其他地方的演讲提供了平台。

当然，还要感谢所有慷慨无私的客户和合作伙伴，他们为我们提出了种种重要问题和想法。

---

❶ 本书原版于 2020 年出版。——编者注

目录

绪　论 / 001

主动开创未来 / 004

重置领导力 / 005

经过测试的变革工具 / 006

第1章　不同的需求，不同的未来 / 013

不同的思维方式和心智模式 / 017

不同的时间观 / 019

不同的语言表达 / 020

不同的聚焦强度 / 022

不同级别的舒适度与不确定性 / 023

对"官方未来"的不同坚持 / 025

不同形式和级别的代理商 / 026

我们为什么要走向未来 / 027

商业的未来和未来的商业 / 031

我们现在都是未来主义者 / 032

把未来作为一种结构化方法 / 034

利用开放式工具解决开放式问题 / 035

理解领悟阶段 / 037

本书的结构框架 / 040

第2章 入门：范畴界定 / 043

范畴界定的3个层次 / 045

未来具体是什么 / 050

未来究竟属于谁 / 054

了解内部文化 / 056

为特定范畴组建与之相适应的团队 / 062

第3章 感知和扫描：寻找未来的信号 / 069

把感知作为一种预期能力 / 071

把天际线扫描作为一种策划性实践 / 075

从事件到地点：选择扫描对象的来源 / 090

管理扫描对象：为管理模式导向 / 097

第4章 意义建构和绘图：将数据和见解转化为模式和主题 / 109

用以理解和评估的框架 / 110

增加分析标准：时间、确定性及影响 / 114

对分析调查进行反思 / 130

第5章 场景规划：结合模式和主题来讲述战略性故事 / 135

制定粗略的路线图 / 136

从故事情节到场景介绍 / 149

把绘制图纸和讲述故事作为一种方法进行反思 / 158

第6章 故事讲述和原型设计：为他人开辟途径，参与您的未来故事 / 161

将未来物质化 / 164

借助物品引领各种场景走进生活 / 170

关于伦理道德的话题 / 179

第7章 效能评估：监控和衡量方法适用性的工具 / 185

评估具体影响 / 187

衡量与未来的距离 / 194

第8章 接下来该做什么？创建未来文化 / 203

胜利的条件有哪些 / 204

结　论 / 221

参考文献 / 229

　　明天的气温将升高。然而，这不是单纯的天气预报，而是关于下一件大事的声明。明天的新闻总是正当时令，以"未来"（The Future）命名。未来的事物已经发展到能够拥有自己的特许经营权，从精美的杂志特写到业余播客，再到狂欢悦目的电视节目以及快时尚配饰，它们一路扮演主角。"未来"如此前卫和中心化，甚至出现在时尚城市中的商务酒店的垃圾箱上（一个真实的故事）。"未来"填补了建筑工地外墙上的涂鸦，鼓动了一批嘻哈艺术家，激发了世界各地的狂热爱好者，还为指甲油的颜色提供挑衅性的名字。毫无疑问，在这些日子里，未来需要投入很长时间。

　　大约在2016年，在英国脱欧公投和特朗普当选美国总统后的冲击波中，人们对"未来"缓慢而稳定的呼吁变成了如潮水涌来般的呼唤。第二年冬天我去新加坡参加一个朋友的婚礼时，我陪着女儿逛了一家时装连锁店。当她在察看圣诞节的销售情况时，我在读T恤上的标语打发时间：一件衬衫上写着"未来属于女性"，一件运动衫的标语则在"恳求"路人"毁掉未来"，另一件运动衫的正面则宣传"为现在设计的未来";不远处,一顶卡车司机帽子在黑色背景下用纯白色字体吹嘘着"另类未来"。离开商店时,我们遇到一位年轻的购物者,他拿着一个购物袋匆匆走过,这个购物袋来自另一家零售连锁店,上面印着一句油腔滑调而又闪亮动人的标语"未来不等人"。

航空公司和金融机构在登机桥上用"欢迎来到未来"的广告吸引我们。机场到处都是软件制造商、信用卡公司、管理咨询公司、钟表制造商以及其他任何希望能用不可阻挡的光芒来为自己产品增色的人物全景广告,每幅广告都宣称:您在这里——未来的归零地。

公众话语中充斥着人们对未来的想象、预测和宣告,这些都是既成事实。专业会议承诺将揭示具有未知性的特定未来,并在议程上充满品牌代言人、预测者、艺术家或作家的演讲评论,然而几乎所有这些鼓舞人心的谈话都不能解决任何真正存在的不确定性问题。大多数人暗示我们要抓住相互冲突的叙述,但很少有人承认我们只是受众——我们是被左右的消费者,除了接受舒适、有利可图或者方便的叙述之外,缺少任何代理。政客们把未来作为自己的筹码,活跃分子也是如此。

可悲的是,许多公共话语,尤其是大众传媒向人们传达的话语,只给了我们一个偷换概念的辩题——一个错误的选择——乌托邦还是反乌托邦。我们被要求根据自己是乐观还是悲观的态度来做出评估，采取立场，并高举旗帜，好像任何未来都与一极或另一极明显相关联，就好像未来是绝对的。正如我的合著者玛德琳·阿什比几年前在一次会议演讲中所说的："您的乌托邦永远是别人的反乌托邦。"即使您所提供的叙述让人感觉具有普遍性，但观点却是相对的。这场辩论代表着我们对商业或政治平台的支持。所面临的选择只有："您支持我们还是反对我们？"

未来在瞬间就变得炙手可热了，因为目前社会正同时盯着几个存在主义的"桶"。"9·11"事件把美国——以及欧洲——拉进了一场由政治立场矛盾引发的千禧年的社会等冲突之中。从经济、通信到能源、生物，许多新技术正在破坏已经建立的平台，但这些平台对其行业的可持续生存来说必不可少。然后还有气候变化：一个被视为观点的绝对现象。尽管它尤为重要，仍然处在一个变化的多元空间，但其可供我们选择的范围正在迅速缩小。

随着社会契约、大众民主等许多（主要是西方的）批判叙事话语的崩溃或严重衰败，社会需要更新和复兴这些理想，用更古老、已经失败和失去公众信任的选择取代这些叙事话语。或者说，您可以用您最喜欢的小说或者是某种品牌将未来描绘成一个包罗万象且适合一切的全新生活，从一辆革命性的汽车、一间充满科技感的厨房或一个电话开始，向外延伸到一个整体的环境中。极简主义风格的未来就在那里等着我们，等待着我们去订购。

主动开创未来

当然，您还有另一个选择，主动去探索未来。无论您是作为个人、团体、单位或团队，还是以组织或者活动的名义进行，不管您想要想象、探索、计划或反对的问题、空间或领域如何，都可以研究、评估、构建和交流未来的版本和变体，以便更好地理解未来可信的、可能的而又似是而非的情景。如果您想要填补某个领域的空白，暴露并减少不确定性，并找到通往机遇和风险的新途径，就需要未来，哪怕它是投机性的、陌生的、不可思议的。您不去尝试就无法得出结果。

更具体地说，您可以熟悉战略家、创新者、设计师、创造者和预测者所使用的工具，以寻找和探索当今可能的未来。您可以从所产生的见解中创建一个结构，以一种有意义的方式对它们进行表述，并将它们作为一种让他人进行压力测试的方式将其原型化并向外界分享，然后从中获得切实的决策从而实现它。

您如果做得足够多，就能得知外界足够多的变化，以让您在面对当下时，将获得的这些技能融入行动中，从而使您对信号更加敏感和开放，并形成自己的"情景立场"。用未来主义者和全球商业网络的联合创始人杰伊·奥格维（Jay Ogilvy）的话说，情景立场是一种在脑海中同时考虑多种可能性——考虑、处理、评估和准备的建设性状态。奥格维告诉我们，我们还面对着除了乌托邦或反乌托邦以外的更大挑战——毫无节制的乐观主义或者卡桑德兰（Cassandran，凶事预言家）悲观主义的错误选择——"我们需要一些工具来应对变幻莫测的未来的不确定性和复杂性。"[1]

奥格维本人就是一位未来场景工具的领先创新者和支持者。在论文《面对困境，或从乌托邦的衰落面向希望的恢复》（"Facing the Fold, or From the Eclipse of Utopia to the Restoration of Hope"）中，他还写到了我们当前文明中的悲剧性时代。在他写这篇论文的仅仅10年之后，根据现在所面临的各种危机来看，我们中的许多人可能会乐于选择悲喜剧。在撰写本文时，这些问题就已经出现了。包括从碳基能源和开采资本过渡到更好的社会的清晰战略模式，更不用说对抗气候变化这一关乎生死存亡的事情了。

重置领导力

当前的形势正在对良好的领导力进行重新定义。无论环境如何变化，甚至为了符合愿景而改变环境，我们都要确定一个明确的愿景并加以追求，这一想法在一个不仅动荡不安而且完全对立的世界中展现了一种越来越脆弱的立场。当事件以计算好的速度不稳定地移动时，被动地重新定位只会让组织做出防御反应。预测未来的潜在可能性场景并在此基础上确定并自信地行动，有助于未来可能性场景的形成和塑造。

　　正如前面奥格维所说的，将这种"情景立场"方法提升到更高的层次，不仅意味着您能够进行偶尔的预测行为，还意味着提前主动地、持续地意识到可能的力量，以及理解这些力量的聚合或相互作用的能力，同时在紧急情况之间进行积极指导。这项技能既需要您有一套可运用的工具，又需要您熟练灵活地使用这些工具。这也意味着将这些工具转移到组织的边缘，并信任那些最有能力感知变化的人，并让他们拥有自主行动的能力。

　　正如我们将在第1章中描述的那样，在这种环境下，如果我们每个人都被赋予了成为未来主义者的责任，那么担任领导者角色就意味着我们要为未来提供结构完整和清晰明确的工具和方法，然后倾听其他人通过使用这些工具所得到的发现或理解。领导层必须使用一种文化，这种文化能够支持员工有非线性方式思考和计划的自由，并能让员工将不确定性视为一种可以利用的材料，而不是视为一种可以降低的风险。能成功面向未来的文化在很大程度上是通过熟悉和适应未来的方法和目标而建立起来的。

 ## 经过测试的变革工具

　　本书描述了我们用来实现上文所述目标的未来工具和模式。

这里所包含的流程对我们在不同的组织环境中从事未来的工作非常有用，从直接的商业业务研发到政策制定，再到为初创企业、研究小组、学生或社会活动提供探索性启发的轻便型企业。我们为大家提供的这本紧凑的工具和实践书，希望能在许多方面被许多人所利用。我们相信《未来领导》可以成为一个思想启蒙者，一本教程，一本程序参考书，一本袖珍指南，一个情景创设指南针，或许还可以成为一个——尽管我们希望这种情况不要出现——灭火器。

作为分享自己方法的作者，我们的愿望是在这里所写的内容能被更多的人当作指南和参考，这些人不一定要成为专业的未来学家，只要能帮助他们更好地思考未来即可。诚实地说，更专业的未来学家总是更受欢迎的，特别是那些能够代表一部分未能充分表露自己的声音的人，那些没有机会塑造他们想看到的未来的人，或者那些为了支持占主导地位的声音而被忽视的人。本书为更为广泛的读者而创作。我们希望他们认识到未来的重要性，并作为他们对未来的长期专业或者个人理解的一部分——如何看待未来，如何面对未来，如何驾驭未来，如何塑造呈现未来。本书也适用于那些怀疑这些功能可能有用，但还不了解应该在哪里使用、如何使用、与谁合作或为谁提供指导的人。

在这里，我要向大家解释一下在本书中经常提到的"我们"是谁。虽然在第1章中有一些地方将集体的"我们"作为一个广

泛的群体来使用，但本书中的"我们"在很大程度上是指由我在
2007年创立的未来研究和咨询公司的正式成员组成的变革主义
者团队。更直接地说，"我们"指的是我和我的撰稿作家玛德
琳·阿什比集体发言的一种方式（尽管您会发现有一些段落我们
分别表述了自己的经历和观点）。实际上，"我们"代表着我和
阿什比两个人，再加上我在变革主义者团队的合伙人苏珊·考克
斯-史密斯以及其他6位一直在变革主义旗帜下与我合作的实践者。
本书是我们实践经验的积累，旨在告知、充实和改进您的经验。

　　作为实践者，我们拥有一支由经验丰富的战略家、顾问、
制作人和设计师组成的小规模、多样化的专业团队。我们共同努
力，在战略远见、战略模式、创新和设计的融合中开创了新局
面。我们有机会与15个以上的国家，以及拥有多种语言和文化的
客户、合作伙伴进行合作。多年来，与我们建立合作关系的组织
众多，从技术、媒体、健康、食品和交通领域的一些大型和备受
尊敬的全球品牌，到国际政府机构和事业单位，以及国家政府、
基金会、教育和文化机构等。

　　就在最近，我们的工作重点转向了扶持和加强那些新兴的部
门实体（例如国际机构、国际组织以及各国政府、基金、教育
和文化机构等），因为它们正在尝试用各种方法推动重大变革，
并释放个人的能力去推动部门的有效变革。在本书中，我们使用
了我们客户的真实的例子，让您深入了解本书所提方法在现实生

活中是如何发挥作用的，以及在实际案例中如何面临挑战或进行扩展。

　　本书阐述的工具、方法和整个过程，作为我们自己项目的一部分，已经以不同的方式进行了学习、修改和应用，代表了我们在未来工作中几乎总要经历的阶段。其中的方法和框架要么是我们自己学到的，要么是在与其他从业者一起工作时，从未来和预见、战略、设计、创新、沟通、政策制定和其他领域所获得的。反过来，这些都是我们在自己的"走向未来的工作坊"活动中作为课程教授或促进的方法。在过去的十多年中，我们在美国、加拿大、西班牙、英国和阿拉伯联合酋长国的多个机构开设了这些课程，包括在美国杜克大学天才训练营、加拿大安大略艺术设计学院、欧洲设计学院、国际未来学院、迪拜未来学院和穆罕默德·本·拉希德领导力发展中心所教授的与未来相关的课程。我们有幸在许多充满活力的社区和实践文化的交汇处工作，这很大程度上要感谢让我们从中受益并继续为之作出贡献的各种开放性的方法和思想。

　　根据经验，我们在策划本书时有一些明确的目标。我们不想将这本书变成像描述过去那些高度正式、严格限制的程序性大会的图书，那些会议的特点是：像是在画架上摇摇欲坠的挂图和画布、被指定为主席的参会者以及专家们高声发表的声明。相反，我们提供的是不那么复杂的、更灵活、更紧凑、更具包容性的未来训练，就像我们15年来在世界各地的工作中一直致力于设计、促进或推动的未来训练一样。

我们希望本书能够成为一个有价值的工具，可以帮助读者实现以下目标。

- 作为探路研讨会的一部分，促使工作团队开始探索未来的不同部分或领域；

- 帮助团队计划研究和实现其行业内的一系列可能的未来，以发现新的创新机会；

- 来自不同组织和领域的团队使用多阶段未来演习作为建立或加强内部战略能力的手段；

- 当一个人或少数人在短时间内接到任务时，能在几天内，最多几周内就某个主题或话题的未来形成一种观点；

- 当一组成员计划在食堂或者咖啡厅待上几个小时时，帮助他们调整和拓展对战略利益主题的思考；

- 学生或其他学习者希望获得有关不同未来实践的应用知识时，以加深或拓宽他们的专业知识；

- 帮助集团将未来工具视为艺术、设计、媒体和文化的世界以建设临时平台；

- 作家或设计师将未来作为一种结构化的方法，在故事或其他叙述形式中进行原型设计或定位创新，以更有效地传达可能性；

- 一个致力于对他们来说很重要的事业的团队，需要工具来规划一个基于理想未来的愿景，然后他们可以与其他人分享。

　　这个列表还可以继续罗列下去，但是上面所列目标的目的在于指出本书作为学习、思考和实践的工具所预期的灵活性。

　　您也应该知道，我们对您要如何使用本书提出的观点是未知的。您要探索什么样的未来，要建立什么样的世界，所研究的主题，以及将其用于什么样的用途，都取决于您自己。无论您是寻找一个有利的前景，绘制一个更好的人道主义未来的路线图，分析潜在政策的影响，还是描绘一个您的产品将被引入的场景（我们已经在某个时刻完成了所有这些），这里的工具和概念都是一种社会技术——促进能认识新事物所必需的互动、对立和对话的机制的建立。根据这些工具和技术的应用来看，它们并不完全中立，但也不是一个僵化的系统。我们希望您能积极地利用它们，因为我们和您生活在同一个复杂的系统中。

第1章

不同的需求，不同的未来

人们需要对接下来会发生的事情充满信心，并意识到在那之后还会发生更多的事情。未来是一个过程，而不是终点；未来是动词，而不是名词。我们的思想可能会停滞，但我们永远不会停止对未来的追求。

——布鲁斯·斯特林[1]

您会从哪些方面开始讨论未来？许多当代书籍或文本都是从历史开始讨论、思考未来的实践。它们会带您回到古希腊神话时期，预言家诺查丹玛斯（Nostradamus）或者其他一些距离您极其遥远的历史时期。如果您幸运的话，可能会看到当时预测领域的最新数据，例如早期科学家想象的未来的发明。如果您想谈论先见性实践的起源，这些就不是无趣的或者不切实际的框架或数字，但本书希望做一些不同寻常的事情。本书的目标不是让您成为一个理论知识丰富的未来顾问，也不是简单地重复其他人在其他领域已经很好地描述过的战略前瞻培训的详细教学法。

本书旨在进行一个与众不同的挑战：为不同背景、需求和环境的人提供思维模式、工具和实践，以便使他们更好地理解可能的未来及其影响。也想为您提供一种看待预期难题、问题或者挑战的方法，而且随着时间的推移，这种方法将能帮助您考虑可能发生的事情。未来不是一年一次，也不是每季度几次，而是一种让您思考下一步如何做的方式，其灵活性和流动性可以成为一种行为而不是一个系统。

如果想让"未来"成为一种有用的具体化行为，就需要您脚踏实地，把对于未来的想法应用到人类的层面上。因此，本着这种精神，请您从一个可能有些陌生的地方开始：别人的内心。如果您现在在公共场合或者集体场合，请花点时间先把您手中的图书或电子阅读器放下，礼貌而仔细地观察一下您周围的人。想象一下，下一刻他们会想什么。如果您现在是独自一人，那么您可以想想最近可能会参与哪些团体活动。无论您身处喧嚣的公共空间、办公室、教室还是咖啡馆，在您看来，在当天每个人都可能会以自己的方式，在自己的文化结构中，以某种方式思考未来。

在您看来，有些人在考虑接下来几个小时的时间如何安排——是下班后与朋友喝酒，还是去正在营业的自己最喜欢的面包店买面包，还有一些人在担心未来的气候变化对他们家庭后代的影响，一些人在考虑如何避免风险，也有一些人在考虑如何抓住机遇……人们考虑的内容取决于他们目前所处的位置，一些人甚至可能在想如何让自己的伟大想法改变世界，或者在接下来的24小时自身是否安全。无论如何，每个人都在脑海中明确地为自己制定了框架，但思想就在这里，不停翻腾着。

本书是在我从荷兰阿姆斯特丹到西班牙巴塞罗那的途中，于法国上空3.2万英尺（1英尺等于0.3048米）的地方写的。当时我正紧紧地蜷缩在一架满载着兴奋的度假者、学生、父母和商人的飞机后座上，他们的年纪有大有小，技术水平也有高有低，他们的心情有快乐有烦躁。像任何拥挤的航班一样，在这架飞机上有人可能正把笔记本电脑夹在安全带和座椅靠背之间，忙着做电子表格预测或者演示文稿宣传。每一种形式都代表了他们对未来的思考方式——一种将这种思维外化的方式。电子表格可能是定量的，是他们对有关销售情况、生产情况或者员工总数的假设进行的建模，并可能包含基于这些对未来可能如何发展的假设而产生的一些变化。演示文稿则可能包含了人们对定性表达的愿景或承诺，或是一种以清晰易懂的方式实现未来的方法，其中包括让其他人享受新产品闪亮的图像，或者希望通过其描绘的机会来吸引更多的合作伙伴。

这次我的巴塞罗那之行的目的不是沐浴在7月的阳光下，也不是在博物馆里闲逛，而是在巴塞罗那欧洲设计研究所的暑期课程

上做两次客座讲座。由于这是我在这所学校工作的第5个暑假，我
对等待我的事情——天气、拥挤程度、学生人数和背景、空调的
温度等——有一个相当明确的预期。我也在考虑近期的未来，例
如，我如何从机场到我租住的公寓；也在考虑中期的未来——我
要用什么方式来展示我准备好的演示文稿，哪些故事能作为我将
要介绍的概念插图出现在课堂中。我还想到了一个视野更长的未
来，并在脑海中想象这些天我不在办公室会对团队的下一个项目
有何影响，以及一个更模糊、更具全局性的未来——思考自己近
期的选择是否符合自己设定的职业轨迹。

上面的几个例子只是我们持续不断思考无限范围的未来的一
小部分，也是我们如何考虑或表达未来的最粗浅的例子。对"未
来"作为一个时间、地点、问题或抽象希望的理解和思考的多样
性，远远超出了我乘坐的航班上200多人，或者是您眼前的少数甚
至数百人所代表的多样性。考虑到我们要走向的未来是属于每一
个人的未来，甚至是一种文化的未来，因此我们要以一套规则或
期望作为出发点，这对于我们如何理解或衡量我们认为的未来可
能存在的差异是很重要的。

我们可以以此作为一个起点，考虑一下未来基于个人框架的
一些各种各样的具体模式。

不同的思维方式和心智模式

有多少人就有多少种思维方式。近几十年来，心理学家和研究人员绘制并标记了一些最为著名的思维方式。例如，诺贝尔经济学奖获得者、心理学家丹尼尔·卡尼曼（Daniel Kahneman）与丹·洛瓦洛（Dan Lovallo）教授共同确定了"内部"和"外部"视角的概念，描述了个人如何处理有关未来的信息的思维方式。[2]卡尼曼认为，从内部视角看问题的人对信息和经历的思考似乎与前瞻性问题直接相关；实际上，这些人对重要的事情采取直线式狭隘的观点——也就是说，他们会从已知的东西进行推断。卡尼曼还发现，内部视角高估了人们直接掌握的信息，忽视了来自预测者特定领域或者知识之外的信息的价值，因为这种思维方式忽略了可能会影响结果的当前或者未来的因素。相比之下，外部视角考虑了更为广泛的因素、经验和参考物；事实上，拥有此视角的预测者对能够形成特定结果的更为广泛的后续问题打开了视野。卡尼曼的研究还发现，随着时间的推移，外部视角有助于人们对未来产生更为准确的预测。

卡尼曼和美国斯坦福大学认知心理学家阿莫斯·特沃斯基（Amos Tversky）一起编写了一份影响我们未来思维认知偏见的目录，因为这些偏见会影响我们的前瞻性思维，限制我们对不同未来的建模、衡量和分析。这些偏见包括事后诸葛亮式的偏见，即我们会根据结果来看待当时我们做决定的过程（想想您最后一次大喊"这个我知道！"）并确认偏差——我们只根据已确认的信息来解释结果，而抛弃不符合模型的见解或数据。

然而，并非所有这些思维方式或心智模式都存在谬误。经济学家、神经学家和其他研究人员越来越多地认识到，人类对未来的前瞻性思考能力明显不足。如果您曾经观察过一个孩子做数学题，或者跟两个伙伴在超市购物，那么显而易见，每个人都可以发展和深化自己特定的解决问题的方法，这些方法要么高度个人化，要么会在解决问题的集体中共享。

您可能会惊讶地发现，在这一类人中也包括了预言家和未来主义者。您观察任何一个未来主义者——或数学家或软件开发人员的行为，您就会发现个人的心智模式建立在其他人正式学习和广泛接受的心智模式的基础之上。这并不意味着我们的思维方式受到破坏，但了解这些思维方式来自何处以及彼此之间的区别尤为重要。正如英国统计学家乔治·E. P. 博克斯（George E. P. Box）曾在多个场合说道："所有的思维方式都存在问题，但有些思维方式十分有用。"[3]了解哪些思维方式可能在哪些特定的预测中发挥较好的作用，有助于您在两个或更多人之间的关于未来的讨论中有效地评估这些思维方式。

 不同的时间观

很自然，时间在未来中扮演着核心角色，就这一问题我们将在本书第3章进行更为详细的讨论。应该指出的是，目前对于时间与未来的关系还没有一个为大众普遍接受的理解。作为个体，我们每个人都有自己看待问题的"视角"和自然而然的时间框架。当我们是孩子的时候，这些视角和时间框架都十分简单（抛开那些抽象的"当我长大之后……"的想法），但随着年龄增长，越来越多的时间模式——校历、工作周、财务季度、妊娠期、寿命等——积压在我们身上。

时间不仅受到经济或技术结构的影响，而且它也基于深刻的文化底蕴。不同的文化会以完全不同的方式理解时间，因此这些文化相应地构建了"未来"的概念。例如，一些文化对时间的理解基于从过去到未来的线性推进，并相应地处理可能出现的未来问题。其他文化则认为时间是周期性的，它以完全不同的视角呈现未来的可能性，例如，有的文化认为未来和过去似乎是相互联系和重复的，而不是直线式进行的。传播人员和文化研究人员谈论的是单元时间文化或多元时间文化。前者通常被认为在北美或北欧文化中最为普遍，并且表现为线性特点，也就是说，单元时间文化认为事情按照先后顺序发展。多元时间文化则被视为在中东、拉丁美洲或非洲文化中最为普遍，有多条时间线索，不同事

件往往同时发生。

同样，一些信仰和传统也会影响人们以不同的方式看待时间和未来的概念。 这些影响可能十分微妙，甚至在跨文化背景中可能不会被提及，但理解和承认它们仍然十分重要，因为它们可以影响一个人对事件发生的可能性、概率和因果关系的理解。根据我们在那些有坚定信仰传统地区的工作经验来看，"未来"的文化框架既包括对即将发生的事情进行的日常务实的构架，也包括人们对未来的信仰的理解，从而能对未来的发展提供更多精神性的背景。而且至关重要的是，能让人们知道什么可以驱动或决定未来可以带来的事物。

 ## 不同的语言表达

对于每种情况，每个人都有自己不同的理解。如果4个人一起坐在一张桌子旁，当他们被问及未来时，他们心里肯定会有4种不同的对"未来"的时间框架的表达。一个人可能会认为未来的一切都不是现在或过去的东西；而另一个人可能会用美学或技术上的比喻来描述未来，比如反乌托邦式的蓝色和紫色灯光、飞驰的汽车或模糊的全息图像；政客们也可以把"未来"定义为他们在下一个任期内承诺要做的一切，或者是一个民族或一个社会的命运。

对我们大多数人来说，"未来"的概念越来越多地被技术营销所应用。技术营销以将"未来"概念引入当前时刻为乐，通过对未来可能正在发生的做出承诺："明天，即今天！"学者萨姆·金斯利（Sam Kinsley）将这一现象描述为"未来的现在"，并描述了对未来发展的预测应如何有效地激活这些想法，使其在当下看起来真实。将事物描述为"未来主义"则玩了一个类似的语义游戏，就好像我们现在接触到的产品或体验像经历过时间旅行一样，从未来的某个时刻回到我们身边。

对于科技、通信、医疗保健或媒体等高创新领域来说，这种将未来压缩到现在的方式对普通广告语言产生了非常大的影响，以至于对街上普通人谈论未来的方式产生了重大影响。随着现代消费者被与未来相关的文化符号所包围，参照物反复得令人抓狂：这种意想不到的情况或那种令人惊讶的新设备被人们当作"出自《银翼杀手》（Blade Runner）的东西"或"像《黑镜》（Black Mirror）中的场景"。仅仅依靠流行文化作为参考资料，就会使那些超越作品的作者和制作人想象力之上的，关于未来的微妙讨论变得毫无意义。

有影响力的人更多地将未来作为一件事来谈及，而不将其纯粹地看作时间。2015年，在英国广播公司电台的一个访谈节目中，当娱乐明星坎耶·韦斯特（Kanye West）被问及和亿万富翁埃隆·马斯克（Elon Musk）谈论过什么时，他说了一句著名的话："未来。"仅用两个字,韦斯特就设法将未来的所有复杂性进一步瓦解为用于设计、包装和交易的文化商品。

 不同的聚焦强度

　　对大多数人来说,了解或跟踪未来的任何细节都是一种被动的行为。如果您是西方国家的上层人士或中产阶级,您可能会聘用一些人,比如养老基金经理、投资经理或保险顾问,让他们替您担心未来。您可能会选出一些人来帮自己规划未来,或者代表您去实现未来。您也可以用同样的方式关注未来,因为您的财务状况大体上决定了您储蓄的目的。如果您生活在经济不稳定的环境中,您对未来的思考可能会变得更加强烈和持久。

　　作为一名参与公众对未来叙述的专业人员,我们观察到,我们对未来的关注程度或不确定性与社会公众对未来的关注程度之间存在反比关系——如果我们得到的信息太多,那么就太混乱或不和谐了,只会令我们失望。当我们一次又一次地与那些关注未来学的人交谈时,他们会告诉我们"我跟不上未来,因为有太多的东西不了解"或者"如果我再多想想未来,我可能晚上要失眠了"。

　　与韦斯特一样,对于普通人来说,"未来"最好是作为一种文化好奇心被专家和策展人包装起来,以免细节多变得让人难以

承受。人们对未来的焦虑往往是由其知识的不完整或混乱的感觉所导致，而不是具体的未来引发的。这会形成一个负反馈循环，限制我们的收益，并使我们倾向于将流程和定义外包给其他人或物——专家、品牌、政府等。这种情况通常发生在企业层面，当高管们认为他们必须有一个需要瞄准的顶层视角或"愿景"时，他们不会考虑变革在组织内部或者在更广阔的世界中实际发生了什么。这种顶层视角的逐渐收缩影响到我们如何有效地自我装备、参与和理解新出现的信号和模式，而这些信号和模式可能是需要我们注意或思考的，同时，这种影响削弱了个体机构决定某种未来的是否可取的能力。扭转这种负反馈循环，培养一种更好的未来感，您可以从一些简单词汇和技巧开始，去比较它们的各种可能性。

不同级别的舒适度与不确定性

现代生活中的一切都在反对不确定性。即使我们没有答案，或者不知道不确定性的具体比例，或者脑子里没有一些最好的猜测，一个技术和数据驱动的社会的线性本质也会把其预测的答案强加给我们。请您想象一下，如果您在一个与您的老板、团队领导或同事的会议上，对一个直接的问题回答"我不知道"；或者想象一下您用"目前尚不清楚"来回答一位急需解决问题的客户。您可能会对此想法感到一阵不适。数据驱动的业务迫使我们为选项创建一个度量或测量标准,以免机器停止运行。在设计驱动环境中,占主导地位的"先发散,再融合"的思维方式,可能会被错误地应用于推动解决方案的发展,即从一系列的方案或路径选择中找到一个能定位为单一结果的(一种满足初始标准的"产品"),而不是使用不确定性来探索其他可能的途径。

如今,能够接受不确定性并将其作为工作材料的地方和文化已经不多见了。不确定性需要空间、时间和资源以有用的方式去探索、理解和评估,所以很难确定其价格和预算。因此,我们的愿望是通过用一个数字或任意的描述符来人为地减少不确定性,从而将与这种不确定性相关的风险放入一个带有标签的盒子中,然后寻找解决该风险的方法。一种将不确定性视为坏事并设法消除不确定性的文化,会缩小关于"为什么这种文化会存在"的有益对话,并会阻止关于"如果这种不确定性存在会怎样"的富有成效的对话。

> 不确定性需要空间、时间和资源以有用的方式对其进行探索、理解和评估。

对"官方未来"的不同坚持

占主导地位的关于未来的叙述——所谓的"官方未来"——也为人们开放、灵活地思考新的可能性带来了障碍。大大小小的组织都将"官方未来"作为它们的指南或指导系统，让员工、合作伙伴或者选民专注于一项任务。有时，"官方未来"是被广泛接受的假设或模型。一个被人们熟知的例子是摩尔定律。半导体先驱戈登·摩尔（Gordon Moore）于1965年在一篇行业论文中提出了摩尔定律。他指出集成电路中晶体管的数量可能每年增加一倍（1975年修正为每两年增加一倍）。摩尔基于有限的历史数据进行观察并得出的结论，很快就成为社会的福音，引领了一个庞大的全球产业，并为当时的计算时代设定了预期的变革步伐。根据摩尔定律，许多大公司，比如英特尔和美国国际商用机器公司（International Business Machines Corporation，简称IBM），以及数以万计的初创企业，都制订了自己的研究和发展计划，以及相应的投资方向和战略。然而，在过去的10年中，随着该行业逐渐达到物理科学和材料科学发展的壁垒阶段，晶体管翻倍的步伐有所放缓。鉴于全球计算产业的大小、规模和吸引力，很少有公司质疑这种"官方未来"，所以直到最近我们才看到硅基计算和其他计算形式作为替代途径的新发展。类似的"官方未来"几乎存在于每一个企业、国家和社会群体中，这些"官方未来"反映了人们对一项任务或相信"命运"所必需的压倒一切的假设，这些假设嵌入了领导者或梦想家所制订的战略计划和路线图。

我们告诉自己的关于未来的故事——无论是特定商业模式的永恒性、特定经济体系的霸权性、意识形态的持久性，还是社会可接受性的界限——如果不被质疑为官方未来，那么这些都可能成为变革道路上的障碍。"硅谷将永远主导创新"，甚至是"进步不可避免"。这些都是"官方未来"的种种狂想，这些想法为我们思考下一步行动提供了动力，也为我们自己设下了一个拒绝寻找替代方案的陷阱。"官方未来"之所以有吸引力，是因为它们是建立叙述的简单的、默认的基础，而且它们为该行业、组织或者国家提供了安慰和确定性，而不是对可能塑造未来的力量提出疑问，并探索其他工作、生活、交流等方式。理解和呈现这些问题对于为关于未来富有成效的讨论设定基准也十分重要。

 ## 不同形式和级别的代理商

能够影响或塑造未来的感觉，无论大小，都与自己对未来关注的不同程度密切相关。眼界或兴趣与一个人是否有能力做出改变或能否确定自己轨迹的感觉不一样，更不用说一个产业或者国家的眼界或兴趣。大众文化的赞扬和关注集中在自我描述的变革者和远见者身上，这也掩盖了一个事实，即绝大多数人觉得自己很少有能力影响未来。但这不是个人的失败或个人缺乏欲望，而是文化通过其信息传递和权力结构增强的动力。

我和我的同事每年都会进行几次这样的练习，旨在展示任何特定群体中未来思维模式和代理能力的多样性。无论一个团队是由高管、政府领导、年轻的设计专业学生、教师还是社区志愿者组成，这都是一个有用的指标。虽然由于我们在世界的位置、集团中人员组成或专业背景等的不同，人们的反应千差万别，但有一点是共同的：在任何团队中，当人们被要求注册他们认为自己可以塑造未来的机构时，不管他们面对的前景是乐观的还是悲观的，只有少数人会站出来表明他们有被赋予权力的意识。不管他们的经历、职位、社会地位或性别如何，大多数人都感觉不到或者根本没有应该被赋权的意识。虽然我们的目标是通过提供工具和灌输清晰的愿景来提高自己面对不确定未来的信心，但如果我们要提高未来的创造效能，就必须认识到这些能感知到的对代理权的不公平和限制。

我们为什么要走向未来

正如您所看到的，无论何时，只要我们试图去理解、建模和制造可能性，挑战就比比皆是。但机会如何呢？我们为什么要为此花费精力、费用和注意力呢？从我们承诺防范某些看不见或无法量化的风险（防御性未来）到可能提供按预期采取行动的方式的未来，我们用来描述应用的未来探索和行动的简写有不同的形式和意图（如图1.1）。

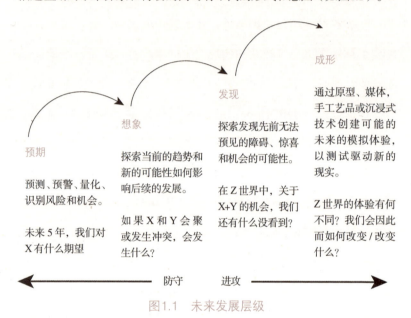

成形

通过原型、媒体、手工艺品或沉浸式技术创建可能的未来的模拟体验，以测试驱动新的现实。

Z世界的体验有何不同？我们会因此而如何改变/改变什么？

发现

探索发现先前无法预见的障碍、惊喜和机会的可能性。

在Z世界中，关于X+Y的机会，我们还有什么没看到？

想象

探索当前的趋势和新的可能性如何影响后续的发展。

如果X和Y会聚或发生冲突，会发生什么？

预期

预测、预警、量化、识别风险和机会。

未来5年，我们对X有什么期望

防守　　　　进攻

图1.1　未来发展层级

我们确定了以下4种不同意图（大体上按照从最不具挑战性到最具挑战性的顺序）。

预期

扩展知识——最简单的预测行为通常是为了找出一个序列中的下一步，比如我们对下一个财政季度的可能性进行建模或者说明风险或敏感性时，许多人在这种期待的行为中，会有一种先见之明。在个人层面上，我们会提前查看天气应用程序来使自己降低被淋湿或晒伤的风险；我们也会查询机票价格，以期有一个好的购买时机；我们的银行应用程序可能会告诉我们即将要支付哪些账单。我们可以改变自己的消费模式，以确保自己的子孙后代有一个有保障的未来。我们以细微的方式探索未来，只是为了照耀前方的道路，以发现风险或回报，并能够对下一步的工作有所了解和预期。

想象

探索可能性——接下来的3类更多的是关于人们的反应而不是行动。未来作为一种人们有意探索可能性的方式，更具前瞻性和能动性。对于未来，我们可能仍然面临不确定性，但通过挖掘见解来描述和构建可能性模型，可以用一些有形或实质性的东西来填补不确定性的困难空间，以帮助我们更好地理解、测试、塑造、提问和与他人分享——从"这是什么"开始，到"这样做怎么样"或者"如果这样会如何"。在这种模式下，未来可以为我们提供足够的结构和洞察力，以形成产品或服务的轮廓，满足尚未出现的社会或经济条件的需求或新政策，或者制订资源限制下的可持续发展计划。

发现

寻找新事物或被掩盖的事物——通过发展愿景来填补未来的

空白，我们可能会更清楚地找到并定义克服限制的意料之外的方式，或者查看以前未知的可能性的概述。也许我们已经拥有的东西——一种行为、一种工具、一个系统或一个过程——可以在意想不到的未来被重新塑造成一个新的目标，或者两个关键因素之间的联系可能会变得更加明朗。20世纪70年代，荷兰皇家壳牌公司（Royal Dutch Shell）在面对高度不确定的石油市场时，对其前景规划的标志性过程进行了改进。这一过程既要了解各种力量之间隐藏的联系，揭示出以前看不见的关系或敏感性，也要涉及对早期变化的预警或改进。在未来，一个单一的实践可能不会促进一次全新的创新，但重复这个过程往往会使其随着时间推移成为全新的创新元素或成分，从而变得更有意义。

成形

想象下接下来会发生什么——我们周围不断加快的变革步伐已经模糊了建模和实践之间的界限，而未来探索和设计实践的融合开辟了一种新的方法，让未来成为现实，可以这么说——现在正在测试未来。这种"让未来变为……"的更为激进的方式已经成为越来越多的公司和组织的口头禅。这些公司和组织感受到了竞争压力，想在竞争之前决定其变革前景。

商业的未来和未来的商业

与许多人在日常生活中的积极努力和与未来搏斗时的沉默寡言形成鲜明对比的是，企业和组织对其下一步的行动有了明显的参与迹象。越来越多的领导者认识到，他们正在人们记忆中的一个最不稳定、最不确定、最复杂的全球环境中运作，因而对未来的准备工作已成为领导者的一项战略任务。

其中有两个相关的转变，标志着当前组织对远见的运用。第一个是组织将其战略前瞻性实践从董事会和战略规划部门转移到产品、服务或政策设计部门。从21世纪初开始，越来越多的全球性品牌开始注意到，绘制潜在未来图谱来预测消费者的需求变化是一种非常有价值的方式。新的商业模式的出现和传播是为了应对机遇和风险，并将更新的技术主流化。这是一个积极的发展过程，为预见领域引入了一系列全新的工具和实践选择。

设计对未来的接受，使我们对未来的预见性从枯燥的分类矩阵转向了更为广泛的定性研究工具的使用。其中一些被用于诸如人种学研究等相关领域，以支持我们更好地理解那些有较大影响力或者即将发生的问题，或是揭示人们行为中隐藏的文化转变。我们在变革主义者团队内部进行的实践也在这一时期不断发展，因为我们在混合学科环境中开展了更为广泛的工作，这些环境为一些规模更大、风险更高的全球性品牌提供更先进的设计功能。

第二个相关的转变则是我们更多地使用了材料设计和沟通工具。这一系列方法既可以将潜在的未来的代表性部分变为现实，也可以让我们更好地与他人互动。在这段时间里，设计吸引了企业界（比如苹果、宜家、谷歌、三星、耐克以及其他几十个以设计为主导的，在消费者满意度排行榜上名列前茅的品牌）的注意，设计承载着这些企业的未来。企业对面向未来的预期产品和服务的设计需求不断增长，对面向未来的产品和服务的投资需求也在不断增长。

如今，投资者和市场对未来的期望有明确的目标，而消费者即使没有为自己辩解，他们也希望自己所购买的产品或者所信任的公司前景光明。这一点在任何国家或地区都是如此，因为公司（以及国家）在特定的未来，都将成为领导者进行理念思想分享的主要阵地。如今，拥有远见或未来能力的设计创新公司的数量，已经远远超过更注重战略远见的机构的数量，而这种能力已成为咨询行业巨头们未来发展必不可少的条件。如今，未来、设计、策略和创新已经作为重点领域牢固地融合在一起。

 ## 我们现在都是未来主义者

在许多公司、政府机构和非政府组织中，有越来越多的人负责通过监测其市场、部门或世界各地发生的问题来维持自身组织、机构对未来的了解。验证未来、塑造未来或着眼未来的责任已成为现代经济中许多新兴工作的要求之一。面对来自其他新领域的竞争、价值观的迅速转变，或者出人意料的突变趋势，组织必须变得更加精简、

> 验证未来、塑造未来或着眼未来的责任已成为现代经济中许多新兴工作的要求之一。

更具竞争力，严阵以待，以此来抵御来自外界的破坏。

在任何一天，只要您浏览一下领英（LinkedIn，大型职业社交网），您就会发现，无论是产品开发、市场营销、战略分析，还是人力资源、工程管理、建筑等各个领域的招聘要求，都与"未来主义思维"、保持"未来主义观点"或"内部预言家"有关。在过去的几十年里，战略决策已经从公司高层的一个排他性的（而且通常很小的）执行干部转移到面向客户的第一线员工。这就要求广大员工至少要意识到那些可能会影响其组织未来的因素，即使这些因素只是概念上的、分散的。

随着企业在大萧条后都在寻求制定更好的内部规划，并表明他们的未来意识，我们注意到越来越多的"未来主义者"或者与预见相关的角色出现在企业的设计、战略、品牌打造和营销机构中。在建立这种角色的过程中，企业、政府和其他部门经过了长期的停滞，甚至萎缩。目前我们看到，越来越多的公司致力于投

资开发未来意识的专用资源，以应对其面对的不确定、复杂而且相互关联的运营环境。

值得我们注意的是，美国国会在1995年投票决定取消技术评估办公室。该办公室本质上是国会的"未来主义者"。然而，截至2019年撰写本文之时，人们关于恢复这一政府办公室的讨论仍在进行，理由是美国政府需要对未来的发展有深入客观的看法。政府中的理性思维已经意识到，他们需要有更加明智的战略观点和提前有效的变革预警。由于信息环境被不良信息、不良行为者和恶意分析腐蚀，无法理解和无法有效管理变化的情况呈指数式上升。

把未来作为一种结构化方法

我们应如何超越本章开头所提到的社会和文化差异，以满足气候变化、不平等、能源转型、教育和向数十亿人提供卫生支持的必要性等存在性问题所带来的重大转型挑战的需求，并根据组织要求和商业、政治、社会、技术和环境中日益增加的不确定性和波动性的要求，对未来进行更富有成效的探索？我们怎样才能超越模仿性创新，抓住关于未来的流行故事——被远见卓识的索海尔·伊纳亚图拉（Sohail Inayatullah）教授称之为"二手未来"——这是对文化比喻的重新演绎，还是一种鲁莽的预测行为？[5]团队或组织如何将存在于其成员头脑和工作中的，对未来的许多理解和模型结合起来，并将验证未来变成一种日常行为？

一个复杂的专有咨询过程无法应对这一挑战，也无法培养出完美无缺的、有远见的吃苦耐劳者。人们试图通过有限的实践，将组织的大量人力资源的技术专长提升到较高水平，在公司或部门规模上是没有效率的。在团队或个人层面，个人抽出一两年时间阅读所有文献并深入专业实践也存在一定的问题。时间、风险和机遇都不会等人。

利用开放式工具解决开放式问题

我们的经验已经向我们证明，有了一个可访问的框架、工具和问题的基准线，几乎任何人都可以为他们的任务或选择的挑战形成适当而充分的未来水准。我们观察到一种新兴的模式，那就是，无论群体和个人学习者在定向的研讨会上，还是在教育机构的设计、商业或战略课程上，或者在专门的跨学科环境中，群体和个人学习者都正在寻找基本的未来技能课程。我们教授的就是这样一门课程，主要向大家介绍未来规划的标准方法，这是专为阿联酋这个以远见为重点的海湾国家的政府人员和工业界的领导者所设计的课程。本书中详细介绍的经验、实践和见解由我们多学科团队的经验成果汇集而成，我们也在全球20多个国家、多种文化和亚文化背景中以不同的语言传播了这些内容。

有效地培训领导者走向未来，我们不仅需要好奇心和良好的沟通技巧，更重要的是，我们还需要一个足够强大、足够灵活、足够轻巧的工具和实践框架，用户可以利用这些工具和实践框架来发展和加深对未来的各种可能性一致但富有创造性的理解，不论这些可能性的大小如何。这些工具、实践框架和方法从现有的高级工具中提炼出来，由远见、战略、创新、设计、市场研究、社会研究和其他相关学科的专家设计，已经被我们成功地运用于世界各地的活动中。我们发现，无论是与世界上最大的媒体公司（该公司的下一代研发团队忽视了变革性的市场变化）之一合作，还是与政府部门合作进而致力于重塑其流动性，或者与博物馆工作人员合作以便更好地沟通来共同应对气候变化的挑战，或者与一小群社区活动家合作以努力改变公众对移民未来的看法，我们发现这些方法都十分适宜且富有成效。

当然，个人能力与任务难度紧密相关，在接下来的章节中所要讲述的是我们要根据问题的需要校准方案的复杂性——当一套简单的程序就可以解决问题时，我们就不需要使用复杂的矩阵。能力在于那些参与未来探索的人们的丰富对话和深思熟虑，而不是工具或方法本身。

　　方法的灵活性至关重要，因为没有任何两个关于未来的问题
是完全相同的，或者是在相同背景下提出的。这里的方法是可以
由我们灵活配置的，在解决问题时，我们要根据任务的不同形式
选择不同的路径。那些只要求从问题到洞察力的方法应该受到怀
疑，而那些给实验留下空间的方法应该被接受。

　　轻盈灵活必不可少：工具不
应推动进程，而应启动进程。实
际上，企业和组织被迫面对未来
问题的速度，需要一种更类似

轻盈灵活必不可少：工具
不应推动进程，而应启动
进程。

于能快速进行软件开发或者最小可行性产品设计的敏捷性。对于
我们曾举办的多次利益相关者会议和专家咨询活动，我们几乎没
有时间进行任何主题的为期6个月的探索。因此对于此处定义的方
法，使用的案例更多可能来自多日冲刺的结果。

 理解领悟阶段

　　我们使用的方法模型如图1.2所示，围绕着收集、学习、理
解、交流和评估的阶段构建——将可能的未来作为一个未知的景
观，在其中寻找标准和横向趋势，并对其进行定位、导向和经验
分享。每一个阶段都会产生相应的理解，这些理解可以单独使

用，也可以与其他阶段结合使用。而且，很大程度上，大多数阶段都具有协作性且十分社会化，允许学习和洞察力沿着这条路发展，而不将其作为一个漫长过程结束后的回应。这种感知、预期、探索和适应的循环是可重复、可嵌入的，可以作为团队、组织或个人的持续实践。

图1.2　未来发展进程

　　感知是未来的初始阶段。在这个阶段，信息、数据、信号和观察结果作为一次性的练习或持续性活动，被进行收集和分类，进而建立一份可以构建未来的相互关联的启发性输入清单。良好的观察、研究和分析支持用更好的模式对未来进行开发和验证。

　　意义建构阶段是未来的噪声转变为洞见的阶段。在这里，我们利用在感知阶段收集的信息，去评估和选择分类标准，并探索不同形式的绘图方式和组织结构，以形成相应的结构，并从先前断开的信号中挖掘出未来的模式和主题。洞察和模式的映射和压力测试能够创造出更为丰富的叙事。即使在这里，早期的学习也可能建议您寻求一种不同的方法，或者为正在进行的策略和创新提供新的信息。

无论如何，模式就是那样。它们需要形成一种叙述，以分享一种在特定未来可能发生的更为丰富的感觉。这也就是未来的场景的构建阶段。丰富的叙事为我们提供了一系列有用的场景的种子，我们可以通过这些种子来激发和想象未来。未来可以有从十分结构化到更加自由新颖的各种不同场景，我们可以对其进行开发来提供相关维度的洞察力，这些均可以通过原型设计或战略制图的形式来进行探查、分析或具体化。

故事讲述阶段就是将构建好的未来的原型、投机性商业计划或其他创造性形式转化为利益相关者的参与度。从各种形式的场景中开发出来的原型，有助于展现未来出乎意料的挑战和机遇。这一阶段，我们可以更好地理解和检查特定未来的价值和缺点。这也是团队或组织之外的人——无论是利益相关者、合作伙伴、公众还是内部团体——都可以在这里进行反思和评价这些故事的影响和意义。新颖的概念或思想成分应该出现在这一阶段，为当前和预期的未来提供信息、丰富内容以及调整战略或创新方向。

最后，任何有用的探索都需要事后评估，即未来的评估阶段。我们能从项目和进程中学到什么？我们使用的工具和实践框架是否适当？我们的问题设计是否合理？我们有没有用有意义的模型来对照衡量？有缺陷的假设、有偏见的思维定式或过时的范式是否仍然存在于进程中，结果是否最好地反映了所学的东西？下一次是否可以采用一些新学到的方法？我们可以使用诸如此类的问题对特定未来进行评估，并在这一过程中进行学习和重新校正。

本书的结构框架

本书分章节介绍了我们所使用的方法的各个阶段。我们在过去的15年里，以各种形式在各种机构、团体和受众中进行了反复地实践，所有的这些尝试都试图帮助我们更好地理解新兴未来。这种方法设计灵活，适用于多种用途，并且在部分或整体上可为许多不同类型的用户所接受。

第1章旨在向读者介绍我们在试图围绕对未来的共同理解（即理解和心态的多样性）时遇到的第一个问题，并解释我们应如何对待未来。

第2章从任何良好的探索都应该做的地方开始：设定框架和建立适当的范围。您如何将这个未来与另一个未来区分开来？解决当前问题的最合适方法是什么？

第3章阐述了感知和扫描的形成过程，以及我们应如何从外界信号和信息中寻找、收集、整理和获得洞察力，而正是这些信号和信息向我们透露未来的某些事情大有用处。

第4章介绍了一系列方法，帮助我们通过模式、绘图和其他框架，将硬数据和软数据结合起来，利用收集到的信息，从整体中获得的战略洞察力比从部分中获得的更多。

第5章对内容进行了扩展，以不同的场景方法展示了我们要如何使用模式和新兴主题作为战略叙述的模块，并从这些模块中寻找来自这些模式的自下而上的线索和故事。

第6章通过原型、对象、媒介和经验的物化，将这些单调叙事转化为内容丰富的故事，使这些故事更加真实、更易理解。这就是您所获得的未来与其他人相遇并引发争论的地方。

第7章超越了原型，为您提供了一些方法来回顾您的项目，并根据框架和范围界定阶段设定的目标评估实际情况。除此之外，这一章还讨论了我们通过实验性指标缩小投机与策略之间差距的经验。

第8章提出了在一个大型或小型组织内建立一个更为强大的未来文化的想法，无论这种想法是第1次还是第15次的未来探索，也不管它是一次巨大的努力还是一次小小的实验。这一章还讨论了我们如何在保持全日制未来模式的同时，仍然能够做出持续的战略决策。

　　结论对这一进程进行了全面的反思，并思考了其在当前世界中所处的位置，同时为您提供了一些有用的资源，以便您能从其他以不同方式对未来进行深入思考的人那里更多地了解未来的历史、技术和实践。

　　本书的每一章都列出了与该阶段相关的概念或方法，以及我们运用的一些有用工具。这些也包含一些我们自己的经验：我们做出特殊决定或增加一些工具、方法去处理现实世界的情况或者挑战。我们觉得后一种元素是分享的关键。通常让这些工具变得生动活泼的不是"何事"，而是"如何"之类的故事。

　　最后一个想法，并非所有对未来的需求都一模一样（事实上，没有任何两个想法是相同的），几乎所有情况下，我们都应用了在这一领域获得的经验来调整方法，以获得更好的产出。好的未来就像好的领导者一样，他知道什么时候去改变、修改或仅仅进行尝试。严格遵循方法和正统是走向过时的最快途径，而且毫无疑问地，过时的工具会产生一些相当没有新意的未来。

　　本着这种精神，您可以推翻您在本书中看到的一些观点。

第2章

入门：范畴界定

> 众所周知，有已知的已知，即有些事件是我们知道的已知事件；有已知的未知，也就是说，有些事件是我们知道的未知事件；但也有未知的未知，有些事件是我们不知道的未知事件。
>
> ——唐纳德·拉姆斯菲尔德（Donald Rumsfeld）[1]

正如人们对未来的看法不同，对未来的任何两次探索都会不尽相同。未来不仅是一种收集信息和寻找方向的智力行为，而且更是一种深刻的政治、社会、文化甚至心理行为或过程。与过程设计或政策制定相比，未来很少会在此时此刻产生一

> 正如人们对未来的看法不同，对未来的任何两次探索都会不尽相同。

个即时有形的最终产品或产出，这使得我们深思熟虑地仔细制订每一个练习计划变得尤为重要。我们仍然可以设置目标，绘制边

界，选择有效的工具和设置。在未来，这些元素将成为"容器"中最重要的有形部分，而对未来的探索将在其中进行。简而言之，良好的框架可以成就或破坏任何未来的实践。

本章所讨论的问题可以帮助您深入了解为什么、什么事、如何做以及为谁做等一系列有关未来的问题。有抱负的未来主义者经常进入复杂的环境，而无须事先探究原因，或者提前对这种工作框架进行考虑，就可以预测一个主要主题或某个领域的未来之路，这一点令人惊喜异常。

考虑到良好的预见能力会对结果产生的影响，以及做出或未做出的决定、听到或未听到的声音的长期倍增效应，良好的框架至关重要。您不会（希望）在没有考虑目的和影响的情况下设计一座建筑或者起草一项重要的法律，所以未来也应该如此。良好的框架是一种在未来能证明您自己的行为，并能确保在您和您的合作者提出的每个练习中都有一个适当价值的预期期限。

良好的框架也是一项研究投资。这不仅仅是关于设置边界和选择实践的问题，它还可以表明不同的利益相关者对特定问题或不确定性的感受，并可以在过程的早期将重要的考虑因素推向最重要的位置。

尽管我们将详细介绍未来框架，但即使如此，这也不是详尽的清单。与本书中概述的所有工具和进程一样，这些内容的有用性和适当性要留给用户自己判断。在官僚机构之外，未来文本常常严格地规定一组与现实不符的考虑因素或者工作流程。您可以把本章看作是一个可能的考虑事项清单，本章的内容旨在提醒您在为未来决策时能够慎重考虑，三思后行，并且此清单可能会增加或更改。我们将在第7章中详细描述评估有效性的内容，因此，您在未来的练习中所学到的东西应该会让您回到这里，以供未来参考。例如，框架的哪些方面对您有帮助，哪些方面对结果没有价值，以及您在下一个过程中可能会考虑哪些新问题，等等。在未来，知识、经验和技能的收集会使每个人更善于实施下一个项目。

正如我们在本书中分享的许多进程或想法一样，方法的实用性和适当性应该牢记在我们心中。对未来趋势和可能性进行的两个小时的粗略勾勒，可能会设定适当的框架内容，或者可能需要一年的时间用大量的预算进行广泛深入的研究。您需要记住规模和资源管理，让常识成为您的向导。但是，请您不要惧怕对问题的深入挖掘，您可以问问您的客户、您的同事和您自己，什么才是真正重要的或需要知道的。

 ## 范畴界定的3个层次

过去15年以来，在变革主义者公司中，我们一直在各种各样的环境中为各种各样的组织开展工作，并且发现我们的范围界定问题列表——以及这些研究层次或层次——已经变得越来越长。为了找出其中的区别，我们将这些组织划分为不同的层次，首先从实际的项目管理问题开始（这些问题可能适用于任何接受新调查的人），然后深入研究可以塑造项目设计的功能使用问题，并最终获得更深层次的需求驱动因素。正如本书第1章所强调的，对未来的概念比时间或严格机械的概念更具文化性，而且往往是情境性的或语境性的。例如，对某个特定未来进行探索的时机可能对其所传达的信息意义重大。探究这些问题有助于您获得成功。

来源、支持和时间安排

每一次探索都始于某个地方，但早在有人把第一个便利贴放在白板上之前，范畴界定的研究就已经开始了。范畴界定从一个表示不确定性或需求的问题开始。这种问题可能来自团队或组织内部，表现为提高成员技能的通用练习、进入不同时间范畴的探索之旅，或者是满足加深内部知识缺失的更高需求，尽管这通常只是由新出现的风险或机遇的新假设所促动。

"来源"是一个语境，从这个意义上说，无论是谁发起一个未来的行动，背后都会有一系列的原因——经济、政治、文化、个人甚至法律等。它是来自一个正在寻找新产品机会的客户或团队，还是一个试图开发预期概念的客户或团队？您、您的同事或客户是否正在使用此练习来表明其对未来趋势和可能性的意识或能力？这是对有关未来的首次冒险，还是经常发生的事情？了解未来练习背后的来源和催化剂，可以告诉您很多关于如何处理项目管理中的软问题，也将决定您方法的选择、沟通的形式、输出的类型以及最终交付成果的结构和形式。

在考虑团队与项目专员的关系时，作为内部未来团队——长期或临时性——在组织内部进行工作可能十分有用。您只是提供一个承包服务或者提供您的委托客户所缺乏的能力，还是这只是一种相互试验？您被其他组织联系是因为您是一个值得信赖的特殊工具或未来方法的推动者，还是因为您以设计新颖的项目、具有特定的领域专长或提供特定的观点而闻名？

如今，受到内外部不确定性影响的团队正在积极寻求未来、做出预见和进行相关实践。他们需要有吸引力的新方法来打破围绕在影响他们的重要话题周围的噪声和停滞不前的论述。我们经常会遇到一些企业，它们渴望使用我们的工具和实践，并希望学习如何将这些工具和实践添加到自己的未来工具包中。这种程度的实验有时被视为一种风险，而且有不少人对超出预期的远见实践的界限表示出些许的恐惧。

了解背景并考虑到直接客户和利益相关者群体的经验水平，以及他们对成功或失败看法的利害关系，为我们提供了如何确定特定项目范畴的直接投入。我们有时会限制时间范围或避免提到利益相关者难以理解的主题。我们可以选择更为通用的工具，但我们始终为调试客户端提供指导，为流程提供透明度，并始终支持最终产品的交付。简言之，了解情况有助于我们实施一个好的试点项目，这个项目将会满足客户当前的需求，同时也使用适合目的的工具。这些工具会在未来拥有适当的用途，而不是被长时间地闲置。您的目标应该是设计和进行未来的工作，为以后的练习树立榜样，建立起对实践的信心以及产生新颖的洞见。

那怎么解决资金问题呢？考虑资金的来源对于您了解在任何未来活动中的预期投资很有用。是否使用一些备用预算来提高小组或团队的能力或知识储备，还是会有公共资金进入预算库？对资金的来源和条件有一点（或很多）了解，还可以让您了解未来的某个特定部分是如何定位包括内部和外部的，以及活动的结果是如何被评估的。尽管我们总是竭尽全力以确保我们的客户所得到的服务物有所值，并确保他们的资金得到充分利用，但情况各不相同。例如，如果您正在围绕一个地区产业的未来进行一项长期工作，而这项工作的资金由纳税人出资，并且在教育机构内进行，那么范畴界定的考虑因素就应该包括对前期研究的可能投资回报进行微调，以及确定如何将利益相关者与研究和洞察的过程联系起来，以确保正在进行的工作有足够的透明度和问责制。

在我们自己的实践中，我们越来越多地为内部探索工作提供资金，以此来提高我们的能力、丰富专业知识和扩展客观视野。在确定一个自费项目的范围时，我们也会校准资源、工作和工

具。非正式团队或者那些在周末、午餐时间或下班后将未来作为
课外风险保险的团队，也应该选择适合于低预算或无预算类别的
工具和方法——通过简单的、社会性的练习，用灵活的、可重复
性的材料在短时间内激发出许多想法。这些项目不用购买昂贵的
研究设备、花费大量时间用3D技术打印原型，以及聘用插图师来
描绘您所需要的场景。

　　支持和资金的来源是实践的关键，但时间安排也会告诉您关
于一个项目及其潜在范围的一些信息。为什么未来的这一特定部
分被分割，为什么是这个时间？您是围绕任务后期遗留的一个重
大问题进行未来规划，还是您的任务是解决潜在的风险或者是在
发现可能出现在时间范围之外的机会之前取得进展？形势是否在
短时间出现一个巨大的变化，例如，一项新的法律出台、谣传的
产品上市或即将到来的选举，这些是否会引发整个组织或部门的投
资浪潮？因此，时间安排也应延伸到项目定期或周期性的练习，目
的是更新团队或组织的思维，或更新项目中问题的观察列表。

　　同时，时间安排问题可以使您更清楚地了解项目行进的速度
和方向，并确定其与结果相关的重要性。几乎不可避免的是，对
近期未来的探索具有紧迫性，因为它们可能被委托给干涸的创新
管道提供资金，或者为新产品或服务寻找可能的落脚点。更快、
更具探索性的项目可能需要更具时效性的工具，并依赖易于访问
的数据或隐性知识。而周期性的内部项目，例如重要趋势的年度

范围回顾或综述等，通常具有固定的进度和规则结构，并且通常不需要整体开发方法或方式。相反，这些类型的项目需要及时审查，以期在需要的基础上更新工具、资料来源或交流方法。

 未来具体是什么

在评估了上述问题之后，我们就可以深入了解未来演习的功能属性：未来与什么相关，为谁服务，这个未来有多大或有多小？这意味着我们需要确定未来的问题。其原因当然属于哲学层面的问题，但它也非常实际。如果您有X数量的时间、预算、团队和资源，您会希望充分、理智地利用这些资源，而不是像过去那样好高骛远，或者走得太远以至于可能不会产生有用的回报（鉴于未来开发的复杂性、不确定性、系统性和主观性，组织或机构对范畴和资源的管理显得尤为重要）。一个好奇的、开放的优秀团队可能会发现自己徘徊在离项目很远的地方，或者需要花费数周的时间去寻找那些虽然令人兴奋但可能对项目没有帮助的话题的信息。我们从痛苦的亲身经历中了解了这一点。

如果您在进行一个历史项目，您不仅会着眼于"过去"，而且还会希望您一旦参与，就能找到一个有趣的焦点领域——这将令人十分疯狂。同样，在考虑未来时，您需要采用直接的框架方法。通常，我们问与我们一起工作的人（甚至我们自己，如果这是一个自发的项目）的第一个问题非常直接："当您说未来时，具体是什么意思？"

长度=时间

从项目范畴的角度来看，将未来视为具有尺寸（长、宽、深）的项目，您可能会更容易理解。思考长度的一种方法是采用时间的维度，但又不同于时间维度。在有关未来的探索中，您可能会思考以下问题。未来有多大用处？5年的时间足够让我们放眼未来了吗？——仅仅超出了看得见的规划范围，但或许还不至于让人觉得太遥远。还是我们需要10年或20年的时间才能获得有用的对未来的看法？有没有制度或实际的理由让我们着眼于更长的时间跨度，比如探索下一个世纪的文化或国家情况，或者着眼于遥远太空任务的预期期限？快速变化（比如技术或消费者行为）或缓慢变化（比如气候）的趋势或问题是否是未来关键的潜在驱动因素？

我们有很多实际的例子需要讨论有用的时间尺度。例如，阿拉伯联合酋长国将于2071年迎来成立100周年，该国目前已经着手探索其接下来50年的未来。在全球范围内，只有少数几个国家在数十年的基础上积极进行预测，以便为其卫生、技术和交通等领域的长期规划提供依据。这些非常长的时间范围对于组织或团队制订宏观计划和调整较大目标十分有用。但是，如果您要探索特定的社会或文化前景，则可能不想使用50年的时间。当我们为英国政府制订方案时，"从经济角度看待海洋的未来"的问题则用20年的时间范围便十分恰当，足以使潜在的政治调整以及可能的气候变化对海洋经济的影响得以展现。"工作的未来"或"流动性的未来"探索也可能如此。而作为复杂的系统，未来的发展可能需要较长的时间。对于这两个主题，仅用5年甚至10年的时间去研究，您可能会发现一系列有趣的转变，但对于您理解批量转换不会非常管用。

我们将在本书第4章更多地讨论时间范围的问题，但您在设定未来的长度时，请记住要为有意义的改变留出足够的空间，同时还要关注客户的目标和能力以及主题的系统性。

宽度=传播

很多因素可以决定探索框架的延伸范围。映射一个部门的未来，如上面的移动性或工作示例所示，可能意味着包括或考虑与该主题相关的许多领域。例如，技术与政治、经济一样，都是这两个主题可能的未来的组成部分。接受这些主题意味着我们要开拓一个非常广阔的领域，这意味着在时间和资源方面所需的成本更高。这些主题中的每一个都有子领域，如电动汽车或家庭工作等，这些子领域可以为您提供更多关于国内移动领域的更集中的见解。您可以与委托客户或您自己的团队花一点时间深入了解真正的需求或主题中最有用的部分，这一点十分重要。纵观狭义的未来，也意味着您要考虑更广泛的趋势和驱动力，以便更好地考虑未来的外围问题（例如探索移动电视的未来意味着要考虑电影、音乐、广告、游戏、工作模式、计算、住房趋势、网络技术、旅行模式等）。因此，周密的考虑通常有助于您找到项目真正的敏感性和不确定性所在。

在确定研究宽度时，地理范围也是十分重要的考虑因素。世界各地的未来发展各不相同，受到人们的行为、法律、创新、破坏等因素的影响，未来的发展在地区和地方上有所不同。例如，您真的需要了解全球教育的未来，还是仅了解您所在的国家或地区的教育的未来就可以？如果社区治安的主要发展方向是在地方或市政层面，那么了解其全球未来是否有用？如果产品或服务仅在某些司法管辖区可用，您是否需要以全球性视角看待这些产品或服务？发展趋势和其他影响因素可能是非常局部的，受到国家的限制，也可能跨越国界。所以，您在进行未来的项目时，不仅要讨论哪些地理位置的商业或法规是有关的，而且还可以讨论您、您的组织或客户现在或在您选择的调查时间范围内可以在哪些地理位置上实际塑造或影响未来的轨迹。

深度=细节

　　未来练习的总体目标应该能为其提供一些有用的深度线索。除非您正在为战略规划目标开发一组详细且灵活的敏感场景，否则您可能不需要进行非常深入的探索。同样，深入研究和探索许多可变的联系和依赖关系需要大量的专业知识和资源。相比之下，描绘一幅可能会展开的多个前景的宽泛画面，用一系列令人印象深刻的插图来展示深层面的含义，对于揭示可能性、推动关键趋势和问题，以及培养对重大战略主题和问题的认识，都非常有用。

　　就支持趋势的证据或关于特定未来情况的叙述性细节而言，主题的自然范围越窄，您就越有能力进行深入研究。 展望为医药界客户提供的特定种类的肠道保健产品的未来，您可能只会关注他们的某些生活方式或行为途径，但也会为研究特定功能补充剂或营养素花费更多的时间和资源。与往常一样，项目的广度和深度会产生取舍问题，您应加以考虑和权衡。

 ## 未来究竟属于谁

　　在制订未来计划时，我们很容易过分关注事物本身甚至发生地点，但对人的关注呢？陷入主题的抽象化会让人很容易忘记问题的中心人物，但最终不应将不同受众或选区的行为、需求、愿望、关注点和福利抛到一边，而应该在两者之间划清界限。

我们能想到的任何未来都是以人为中心的，即使是那些专注于完全自动化的人。好的，也许

> 我们能想到的任何未来是
> 都以人类为中心的。

不是涉及人类后世几千年历史的未来，而是几乎包含所有其他的事情。那么，谁将参与其中？谁会受到影响？这一未来为谁而发生？

在某种程度上，这个问题类似于地理范畴问题。您需要从哪里了解这些可能的居于中心位置的未来呢？您最终想要了解什么？这项探索的目的是为公民制定更好的政策吗？还是要定位组织或行业，以预测或让其免于即将到来的动荡或变化？这一切是为了让重要的利益相关者在市场变化的基础上对未来有一个更清晰的共同看法吗？

了解未来的受众和未来的人口也至关重要。如果您着眼于机构的未来，受众和未来的人口可能大致相同；但当问题或不确定性涉及政策、产品、服务或行业时，它们也可能截然不同。前者可能着眼于自身，而后者可能正在绘制一幅影响数百万或数亿人、一家公司、一个组织或一个部门的变化图。

了解内部文化

在开始界定范围之前，您还有一些关于内部的未来文化的其他重要问题需要考虑——或者说，在许多情况下，您缺乏对这些问题的考虑。在未来，就像写作、出版、设计、娱乐，甚至立法一样，了解您的受众尤为重要。

过去是一个好的起点。在开始进行融合之前，您有必要知道自己在历史背景下的立场。您的公司、组织、团队、部门以前是否曾对未来进行过任何结构性的探索？如果是这样，原因是什么？原因相似还是相异？是偶然的还是周期性的？最重要的是，那些探索成功了吗？如果是这样——或者如果不是——您将如何对其进行确定或衡量？您可能会踏上一片开阔的土地，但您也可能会发现一些固定的思维模式或政治历史，这些形成了您以往对未来的尝试。可以这么说，了解这段历史以及过去项目成功或失败的原因有助于您的长期成功，因此您的未来可以避免过去的错误。

在更高的层次上，了解未来在您的组织中的历史位置非常重要。您的团队可能是一个进行第一次实验的小团队，这绝对是一件好事，也值得鼓励，但您也可能会了解到，您的团队过去也尝试过其他项目，这些项目的成功或失败程度各不相同。或者您可能会发现，作为组织文化的一部分，您的团队在规划未来方面有一项长期的投资。

了解自己的立场以及从他人的经验中学到的知识对于成功至关重要。一些组织可能拥有数十年的可以利用和构建的实践、工具、知识或资源，而另一些组织则将以全新的方式开始实践。历史记录对组织而言可能是一种帮助，但也有可能是一种难以前行的文化锚定（这里想到了各种政府或大型机构客户）。这些可能是您在设计和确定探索范围时需要处理的问题，还包括一些已知和可信的方法，以及一些经验性的或更先进的方法等。总之，在您行动之前先了解为好。

不确定性、证据与知识文化

您的组织如何与自己对话？它是如何讲故事的？它只是确定性地处理问题，还是乐于接受和谈论可能性（除了反问性问题和浮夸的营销口号之外）？它敬畏还是害怕未来？它如何衡量当前的努力与未来的愿望？这些所有的问题都是确保您在未来的创业中能够找到一个可靠的处理方法的关键问题。您可能处于一个令人羡慕的位置，为所有的这些问题定下基调和方向，但很可能已经有了处理不确定性、可能性和相关风险的嵌入式方法。

如果您的组织与公众股东或纳税的公民打交道，那么它可能会对不确定性持保守态度。毕竟，哪位投资者、客户或选民希望听到"我们无法确定风险"的说法？或者它可能会奖励远见、冒险和探索的心态。除了创始人的愿景或营销材料中的语言之外，能欣然接受未来可能性范围的组织的数量很少，而不确定性作为标准工作材料的比例也低到可以忽略不计——尽管这样做很有价值。然而，随着越来越多的企业面临着巨大未知数，例如行业未来的生存能力或者围绕气候变化、能源转型和其他巨大不确定性的市场情绪等，企业将不得不找到一种谈论可能性、可变性和未知的方法。您和您的同事也许能够通过成功的未来来塑造或引导这场对话，但您需要了解事态发展、敏感度、回报及其他因素，这些因素都将随着开放式未来的讨论而来。

同样，理解一个组织所使用的知识语言——不管是确定的还是其他方面的——对您都是非常有用的。这个组织是否能以合理的数字、数据和确凿的证据进行自我对话，并且能对概率有很强的掌握力？这个组织能否发挥被我们的老客户称之为"高度知情的洞察力"——也就是说，由其内部专家文化发展而来的可信的知识和观点，这些知识和观点本质上往往不是定量的，但具有分析的作用？

我们发现，冲突有时会出现在团队或组织之间，这些团队或组织被一种浸淫在科学、数学、工程或法律以及定性的未来的文化所驱动，正如未来学家斯图尔特·坎迪（Stuart Candy）所说，这些文化的本质是"多元、未决和偶然的"[2]。将未来简化为定量概率的需求，与未来过程更开放性的本质相冲突，而且常常会错过作为差距分析形式的结构化探索的价值。我们与客户一起工作时，他们沉浸在自己的算法和大数据流中，以至于他们不愿意接受过去的性能，也不愿接受大量的当前状态数据集不能为描述高度确定的未来提供唯一依据的可能性。了解客户文化和内部语言为我们提供了一个机会，来展示他们的信仰和我们的方法的价值之间的对比。考虑到各机构（甚至一些国家）在数据和人工智能方面为各种预测性预言所做的投资，一个优秀的未来团队，或者至少这个团队的领导者，需要对当地语言有深刻的理解，否则他们就有可能把记录当地话语含义的便利贴带到数据库大战中。

沟通可行性

尽管在本书第6章中我们将对此进行更深入的讨论，但是当我们开始讨论故事讲述和原型设计时，即使是在范畴界定阶段，您也必须了解最终产品或产品的形状以及它应如何适应内外部受众的交流文化。您未来的一个主要目标是该产品应该是易于消费的，以便改变思维方式和行为。如果您注意到周围的故事讲述方式，则可能会增加这种消费的可能性。

我们早期从一些经验丰富的同事那里学到的一个教训是，我们需要了解组织如何与自己对话，如何传达变革或未来的故事，以及会用什么形式和隐喻。这个话题可能是对该话题自身的研究，毫无疑问，一些杰出的人类学家已经开始研究这个话题了，但我们暂时保持此话题的简洁性。

公司、组织、政府、政党和许多不同类型的实体以各种各样的形式对自己和公众讲述故事。他们自己的文化中往往有标志性的或者有说服力的形式或手工艺品，这对交流至关重要，因此有助于自身或公众的理解。有些人用自己的内部产品、服务或营销隐喻来与他人进行对话。即使在范畴界定阶段，了解这些可能也很有价值。

一些企业专注于特定形式的媒体，例如印刷广告或社交媒体，或者通过利用费用昂贵的电视广告方式，制作光彩夺目的概念视频与大众进行对话。有些企业通过利用能在内部、外部引起广泛共鸣的人物角色或刻板印象来运作。例如，我们曾与美国零售巨头塔吉特（Target）公司合作，该公司通过以"客人"为中心的叙事方式来表达其市场营销、战略和创新思维。"客人"是该公司对其核心人物或客户的标志性术语——通常指代年轻的女性、家庭决策者和郊区居民。通过界定我们的工作范畴，最终将其表达为客人及其未来的需求、需要和机会，我们能够围绕已经在内部产生共鸣的叙述构建未来的可能性，即使这些叙述为公司未来的零售体验呈现出意想不到或充满异国情调的轨迹。公司内部已经做好了充分理解客人背景、故事的准备，这样就更容易解决二者间的沟通障碍，提高客户的认可度。

同样，电子零售巨头亚马逊在创新圈里也很有名，因为其创新团队会撰写预测性的新闻稿，来详细地描述其设想的未来产品或服务的成功交付，甚至包括产品经理和满意客户的报价。[3] 这被称为"向后工作"策略，该公司主要使用这种策略来将自己的注意力集中在其内部的发展文化中，并展示其内部员工对具体交付的期望。该方法还使用标准新闻稿这一普通的文稿，向大众说明了亚马逊未来的重要的事情以及它如何传达有关未来的细节。寻求对这些现有框架的理解，甚至寻求对缺乏未来的沟通文化的理解，可以帮助您在前进之前，为您研究所使用的方法提供一些参考。

语言与意义的微妙之处

正如您已经看到的那样，未来既建立在抽象的概念之上，也建立在个人和集体的理解之上。语言能够赋予意义，不同的语言所使用的术语有不同的含义，这可以微妙地或实质上改变对各种观点的定义或集体理解。例如，在我们自己在中东地区的工作中，我们了解到，未来的3个"P"术语——Probable（可能）、Plausible（可信）、Possible（可适）——不一定会直接翻译成阿拉伯语，而这种语言中的首选术语会在我们思考和谈论未来的方式上产生微妙的哲学差异。

当理解像未来一样抽象但功能强大的内容时，了解存在的语言、文化和认知差异非常重要。如果您期望将术语和定义准确地翻译成其他语言和文化，则可能是一个简单但代价高昂的错误。仅仅为了方便而将一个"普遍性"的框架强加给另一种文化，可能会给自主决定这一重要空间强加一种也许无意但却具有破坏性的"殖民统治"。在进行跨文化合作时，您可以花点时间找出这些区别之处，并采取措施融合或者使用对受众、合作者最有用的框架结构——不要简单地假设他们能成功地接受您的观点。

为特定范畴组建与之相适应的团队

任何项目的有效范畴界定，不仅需要您对项目的需求进行准确的评估，还需要对您自身的（多元）能力进行准确的评估。一旦定义了项目并确定了范畴，您就会更好地了解项目到底需要什么资源。如果您曾经规划过一个长期项目，这些问题可能对您来说已经非常熟悉，因为这些项目总是要考虑到可用的预算、时间和空间等。您在对项目的范畴进行界定时，要避免可怕的"范围蔓延"现象。您首先要大胆地利用资源：与自己或团队进行坦诚的对话，讨论可以给特定的项目分配多少时间、金钱、精力、培训和专业知识等。

这些考虑中最棘手、最困难的当属对人力资源的考虑。您的团队是否具备项目所需的知识、经验、效能和性格？对这一问题的考量不仅仅是因为谁有空闲时间，或者谁的名字最长，也不一定与"文化契合"这个短语有关。这是一个常见的问题，涵盖了与谁参与项目有关的各种各样的错误。如果您的项目团队中的每个人看东西、听问题和想事情都和您一样，那么您很有可能正在阻碍团队形成最佳工作的能力。单一文化只能与单一文化对话：它们无法与在任何时间、各种各样的社区中展现的多种可能的未来对话。

就像所有最好的东西一样，一点小小的摩擦是必不可少的：沙砾造就了珍珠。不同的背景、性别、生活经历、工作阅历、培训经验和眼界必然会带来摩擦，但最重要的是，会带来不同的见解。您需要的不是只会回答"是"的人。理想状况下，您需要的是会提出"如果……怎么样，将会怎么办"的人员所组成的团队。

> 一点小小的摩擦是必不可少的：沙砾造就了珍珠。

摩擦设计

我们经常被问到的一个问题是："您是怎么工作的？"这是一个可以理解的问题：我们是一个分布在4000英里（1英里等于1609.344米），跨越6个时区，由3代人组成的小团队。这并不容易。那么我们为什么要这么做？好吧，其中一个原因是，这种工作方式让我们每次都能为相应的工作选择合适的团队。

想象《十一罗汉》（*Ocean's Eleven*）或《盗梦空间》（*Inception*）之类的电影。故事的第一部分总会涉及领导者挑选和集合团队成员。他们方便吗？并不方便。那么他们是否拥有团队领导者的隐性信任？没错，他们拥有。当他们进入一个新的环境，他们能适应并执行计划吗？他们可以。即使战略和战术需要改变，他们是否仍会专注于任务？答案依旧是肯定的。不管您的项目范畴有多大，您都可能面对一个很大的问题和一个很短的时间表。这就意味着您需要一个适合这份工作的团队，就像一把钥匙适合一把锁一样：这个团队必须能为新的见解和可能性打开大门，如果成员各自的元素不一致，就无法做到这一点。

在实践中，这意味着您在考虑潜在合作者时要保持"媒人心态"。想想您的职业关系网中——内部的，有时甚至是外部的——的每个人。当然，您知道他们工作的地点，但您知道他们工作的实际内容吗？您能描述一下他们的代表性作品或独特的技能吗？您知道他们属于哪个社区吗？他们有没有什么令人吃惊的爱好或天赋？生活中的什么难事会影响他们的观点？上次您与他们在某件事上意见不一致是什么原因？您去那里是为了检验您自己的想法吗？

您的项目可能需要一个奇怪的天赋和能力组合——一个由拥有不同的角色和能力的人组成的团队，比如有分析师、设计师、真实的或有抱负的科幻作家、游戏专家、志愿者协调员，甚至可能是一个正在接受培训的农民，等等。就像未来的医疗保健行业需要的不仅仅是医生和护士，还需要有看护经验的人。有关气候变化的演习也不仅仅需要气象学家以及生物学家，还需要了解难民危机的人。您的团队需要有"已知的未知"意识的人——也就是说，这些人能够透过任何给定问题的表面，寻找公司或行业拒绝承认的东西。

如果您正在进行一个能作为您未来生活的一部分的辅助训练，您可以想想谁是这部分未来的参与者。在有限的时间范围内，您可以与这些参与者就他们对未来的希望和焦虑进行有意义的对话：您的团队中谁能够以正确的方式提出正确的问题，从而得出诚实、深思熟虑的答案？您的哪些同事可以与您的参与者建立联系？他们谁会说自己的语言？（这不仅仅是一个隐喻性的考虑）他们中的哪些人有可以创造共同点的共同的生活或职业经历？当您像"媒人"一样思考时，您可以把一位从业者和一位参与者放在一起，并知道他们彼此多么适合。

玛德琳·阿什比

界定项目范畴的工具和技术

●保持头脑清醒：如果您要从更广泛的内部人群中吸引更多的人来进行未来的练习，那么在您将项目团队召集在一起时，保存一份关于主题的专业知识、特定实践经验或相关技能的清单会非常有用。因为任何超过6个人的团队都很难持续保持跟踪记录。这份清单不一定局限于使用未来工具的经验，而是可以扩展到诸如良好的面试技巧、研究技能、引导技术、设计、写作和编辑等技能，以及不同的工作、个人或文化经验。同时，您也要注意那些对参与您的工作有兴趣、表现出好奇心和思想开放的人，他们可能成为您未来重要的同事。

●**确定正确的时间范围**：选择最有用的时间范围来确定探索范围可能不像听起来那么简单。在项目开始之前，如果您希望能够很好地设定界限，那么为什么不利用您刚刚召集的团队的洞察力来获得一些不同的观点，然后最终达成共识呢？抛开这个话题，让团队中的每个人在便利贴或卡片上写出自己的看法，然后把它读出来。看看在哪些地方您有不同的观点，在哪些方面您可以找到一个有意义的视野界定范畴。在这场讨论中，您可以记录下有趣的谈话要点，因为这些可能有助于您在以后向其他人解释选择缘由。尽早达成共识，有助于团队在项目进行过程中尽早建立信任和认同。

●**填空**：当与较大的群组或团队一起工作时，我们会发现有时一个基本的"填空"练习就能有助于我们界定范畴。我们会在白板上写一个简单的句子，例如，"这个项目将调查（一年、十年、若干年内）跨越（地域、行业、人口）的（话题、主题、部门）的未来"。您甚至可以在开始处添加"为了（受众、利益相关者）"，以确保所有人都同意研究的受众和目标。同样地，这听起来过于简单化，但能确保每个人都朝着同一个方向前进。这种形式也可以在许多想法有分歧的团队中，以及在语言或理解存在差异的环境中发挥作用。

关键范畴界定问题见表2.1。

表2.1　关键范畴界定问题

	界定考虑问题的范畴
实践方面	●这次探索是为了谁？谁是专员？他们的最终目标是什么？ ●是什么推动了时机选择？这是紧急的还是探索性的？ ●探索本主题的未来是常规性活动还是一次性旅程？ ●资金或支持的来源是什么？ ●委托客户是否对其他客户负责？
功能方面	●未来勘探的目标时间范围有多长？这是一个近期未来话题还是几十年以上的长远观点？原因是什么？ ●正在探讨哪些部门、主题或议题？这些定义范围的广度和深度如何？ ●这是一个深入的研究还是一个高层次的概述？需要多少专业知识？ ●此次研究涵盖哪些地区？这一未来是全球性、区域性、国家性还是地方性的？是否跨越不同的人群或群体？覆盖范围是部门性的还是地域性的？
文化方面	●客户群未来的历史是什么？是否有一套众所周知的实践框架，或者这个项目只是一项实验？ ●客户是否熟悉某些工具和方法？如果是，是哪些？他们相信新的方法还是只喜欢经过检验的方法？ ●客户处理的不确定性的文化是什么？是会拥抱这些文化还是会逃避？他们通常是在线性过程中思考还是试图用解决方案解决这些问题？ ●客户喜欢定量还是定性的见解和支持？ ●是否有一套有用的隐喻或叙述可以用来传达客户已经使用过或熟悉的想法或见解？

第3章

感知和扫描：寻找未来的信号

> 成功没有捷径可走，也没有运算法则。如果您所有的努力只是跟随潮流趋势，那么您所知道的别人都已知道。您要想有所发现，就必须深入挖掘。
>
> ——罗伯·沃克（Rob Walker）[1]

"您在早上或一天开始时做的第一件事是什么？"

"醒过来。"

"之后呢？"

"检查我的电话记录。"

"您在找什么？"

"我想看看是否有新消息，并想知道这一夜之间发生的事情。"

我们在教室或研讨会上教授或谈论未来的价值时，我们几乎总是从上面这个问题开始，这个虚构对话反映了我们得到的大多数回答。无论是在荷兰的阿姆斯特丹、新加坡、阿布扎比酋长国、马耳他共和国还是芬兰的赫尔辛基，情况都差不多。美国2017年的数据与我们自己的轶事证据相吻合：有不到50%的受访者表示，他们会睡觉前在床上看智能手机（千禧一代中这一比例升至66%）；另有28%的受访者表示，他们会在吃早餐时查看手机。[2]

> 现代人，就像我们近代的祖先一样，被驱使着保持清醒、接收信号。

尽管我们目前所处的环境与数字时代之前的大不相同，但现代人，就像我们近代的祖先一样，被驱使着保持清醒、接收信号——变化或停滞的碎片和指标——或者法国历史学家费尔南多·布罗代尔（Fernand Braudel）所称的"明天的一缕细丝"[3]。我们生存和繁荣的基础是了解我们所选择的环境发生了什么。我们要知道哪些变化的信号十分重要，不管是抖音上10秒的视频还是报纸上的一篇小新闻，都是一个完全不同的问题。我们来这里不是为了判断事件的价值，只是为了扩展自己的观点。

我们所关注的大多数信息都是与我们个人相关的，无论是在聊天信息中还是在公司指令中，我们都要跟上职业或社交方面的变化。这些信号——也就是所有的动态信息——都在某种程度上发生着快速或缓慢的变化，证实了现状，支持着额外的数据点或信号偏离假定的标准。重要的是我们是否选择关注这些信号，以及我们如何对它们进行处理和排序。感知——发现新的意义、关系、模式和含义——是驱动未来引擎的燃料。

正如我们在第2章中描述的，范畴界定和框架构建能够使我们对地点、对象和时间有一个更好的理解，而本章则解释了我们应如何找到"内容"。区分两者很重要。在战略预见的讨论中，专家们倾向于把重点放在扫描的技术实践上，而本章将把扫描作为一种过程——一种具有半定义边界的离散性研究活动，以将信息注入某种意义创造活动中。但首先，重要的是要触及我们所说的"感知"能力。扫描可以被认为是一种活动，主要发生在工作日的早9点到晚5点的专业环境中；感知则是一种更为个人化的、内在化的思维习惯，它使有效未来成为一种持续的实践，并支持我们更高质量的发展，接收扫描过程中更广泛的信息和资源。

 ## 把感知作为一种预期能力

大多数人每天都会收到不断更新的新闻、数据、媒体、广告、个人通信、外界信息、环境信号和其他输入信息，这会导致个人的信息灵敏度降低。不幸的是，信息回避则会削弱我们建设性地使用感知的能力，并削弱我们理解未来的能力。

我们需要躬行实践，这会使我们能够建设性地感知变化——调整对信号的接收，从而有效地得知当前的动态情况，并指出趋势、力量和状况随时间的持续、变化或演变的情况。这几乎是每个人都具备的潜在能力，但这种能力需要从实践中得知，并以一种有用的方式对信息进行收集和分类。一些人尤其是那些我们认为的多种信息接收者、模式识别者或博学多才者，甚至是那些我们认为有某种注意力缺陷的人发现，如同我们大多数的技能和天赋一样，感知是一种比其他更自然的能力。因此，我们只要稍加练习和对关注点进行校正，任何人都可以开始倾听并寻找输入和观察结果——这对周围正在发生的变化提供了有意义的见解。

当我们提到那些擅长感知未来的人的独特品质时，我们会想到以下5个特征。

主动注意

擅长感知未来的人能随时保持开启状态——一种持续的反射性反应状态。虽然有时我们会以付出注意力为代价，但良好的感知能力会让我们保持相当一致的主动注意状态，监测自身所处的环境和途经的输入信息，甚至最小的细节。这可能意味着您能够捕捉到国外机场候机室电视上的新闻，抓住周围人的对话要点，关注超市中的新产品，或者在街道或公共交通上观察他人——当然要保持礼貌的距离——的面部、习惯或时尚品位。积极的观察者可能是观察结果的主要来源，但他们也是他人感知的良好"消费者"。设计学教授和人类学家尼古拉斯·诺瓦（Nicolas Nova）

将这种背景意识称为"边缘民族志"，即关注"边缘实践、特殊行为、独特仪式、奇怪的技术占用/重新利用、人们谈论较少的小事、技术对象老化情况、不适宜事情，有趣文物等"。[4]

与时俱进

擅长感知未来的人会定期重新访问他们感兴趣的刺激。您可以在其中找到更多信息来源，但是感知能力好的人会在其他人可能因为信息过载而暂停时，还能规律性地浏览他们感兴趣的信息并保持参与状态。

保持好奇心

擅长感知未来的人会继续寻找新的信号。转移注意力去发现新的或未被开发的资源是拥有健康的好奇心的标志。寻求逆向分析，测试新的交流形式或平台，并对其进行类型划分，或者与不同经历的人在环境中消磨时间，这些都是扩展注意力范围行之有效的方法。这种刺激和来源切换有助于您保持感知的活跃与新鲜。

洞察力强，把握力弱

在《超级预测：预测的艺术与科学》（*Superforecasting the Art and Science of Prediction*）一书中，菲利普·泰特洛克（Philip Tetlock）和丹·加德纳（Dan Gardner）列举了一些他们认为最优

秀的预测者之所以擅长自己所做的事情的特质。尽管"未来"绝对不是一种线性预测，但基于有根据的假设的定向感知可以为我们提供良好的预测。泰特洛克和加德纳认为，优秀的预测者的一个关键特征是他们能够从以前的预测中——您自己的和别人的预测中——学习，并能在完善自己对可能未来的看法的过程中考虑其他观点。泰特洛克和加德纳就他们的研究结果给出了这样的概括："信念是有待检验的假设，而不是有待保护的珍宝。"[5]

保持安全距离

虽然良好的感知在很大程度上是一种主观的艺术，由感知者的个性、心理模式和兴趣所决定，但保持一定程度的客观性并与提供感知来源的主题和材料保持一定的距离也很重要。这意味着感知者要意识到什么时候人们的兴趣开始转向倡导对象，或转向仅由一两个主要来源吸引的注意力。例如，通过阅读科技新闻、浏览研究期刊或关注几位专家的推特（Twitter）信息来了解人工智能领域正在发生的事情，这与推动特定思考者的信号、持续支持某一分析流派而非另一分析流派，倡导下一个突破性创新的做法有所不同。就像均衡输入饮食一样更新思想和来源的意愿，有助于我们保持客观性，并能够为我们提供重要的分析转向空间。在实践中，我们认为自己的角色是通过意义建构来识别和描述可能的未来，而不是倡导我们所偏爱的特定未来。保持自己和信号之间的距离对于您对信号的清晰度和规模感的把握很重要。

 ## 把天际线扫描[1]作为一种策划性实践

对我们而言，天际线扫描是未来工作的一个主要过程，具体地说，一个把握全局的过程。它能帮助我们发现、识别和编排嵌入在我们周围世界的信息和活动中的微弱信号、趋势和驱动力。作为一种持续进行的实

> 天际线扫描是未来工作的一个主要过程。

践，天际线扫描使我们能够建立信号和证据清单，以便更好地促进模式识别，监测问题，并关注可能影响特定未来的重要因素。

从天际线扫描研究起源开始的一个世纪以来，正规的天际线扫描仍然是政府和非商业实体（例如行业协会和大型第三部门机构）的主要工作领域，尽管这些部门的工作速度较慢，但它们对文献综述和专家意见的依赖更大。然而，扫描环境以寻找其中的变化指标的相关实践已经在创新方法论的边缘扎根，作为一种将项目框架建立在设计研究和新产品开发前端的方法。通常被我们

---

[1] 基于德尔菲技术（Delphi Technique）改进的一种系统预测方法。——编者注

称为趋势观察或持续的消费者趋势研究等形式，也是一种天际线扫描形式，它使用更广泛的来源，并且在很大程度上依赖于定性输入。从我们的角度来看，天际线扫描的途径、来源和方法形成了一个工具包，您可以从中选择适当的组合，这取决于领域的性质（是定性的还是定量的）、未来项目的结构（是走向一个推测性的原型样本还是一个数据密集的报告）以及最终消费者的需求（他们是基于特定的方法还是基于新的实践并对更敏捷的工具持开放态度）。

不同的扫描模式

天际线扫描可以是连续的，也可以是零星的按需扫描。它可能是您、您的团队或您的组织做的一个持续性的实践，在低层次上，天际线扫描能作为一种保持敏锐的感知能力和对不断变化的环境意识的一种方式，但它也可能被围绕特定主题或领域的集中研究所强化。例如，如果您从事汽车设计或交通政策制定方面的工作，您可能会广泛地研究影响未来交通的问题，密切关注下一个10年可能发生变化的有趣信号。然而，在未来7年里，您可能会启动一个关于自主运输和物流的未来项目，在这种情况下，您可以使用一个正在进行的广泛扫描作为基础，但深入研究一个主题比较分散的议题。图3.1说明了如何通过需求和主题定义的更加具体化的扫描来进行常规的、持续性感知或广泛的扫描。

只进行项目驱动扫描的创新机构或设计公司可以使用天际线扫描来增强其总体能力。对他们来说，扫描只是众多研究工具中的一种。在与客户的合作中，我们看到的大部分内容是将基本扫描作为一项信息共享计划而进行的内部关注；这可以很简单，例如，通过电子邮件共享一组相关文章链接或趣味性新闻故事、维护趣味数据点的共享文档或保留一个公共网络书签账户，等等。

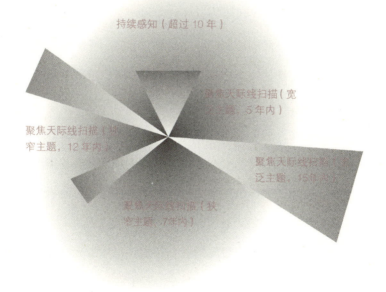

图3.1 持续感知与定向扫描

然而，在撰写本文时，在我们遇到的公司中，只有少数公司有专门的天际线扫描团队或网络，专门负责长期关注未来。这通常是因为公司将太多的时间和精力花费在关注近期商业智能或关注捆绑到预测分析功能的自动化流程上。用速度、音量和范围来进行天际线扫描的努力，仍然是有效未来的一个紧要点。及时了解——甚至意识到——广泛的主题、来源和变化对我们来说是一项具有挑战性的工作，尤其是在当前碎片化且越来越可疑的信息环境中，虚假信息和恶意分析既是特征也是缺陷。因此，扫描可以最小化为一种功能。

或者只因为天际线扫描没有受到重视。太多时候，天际线扫描任务会变成一个偶然性的任务，只有在感知到外部需求时它才进行重启，或者像是一个好奇之人特有的权限，隐藏在角落里，收集别人永远看不到的链接。相反地，如果天际线扫描范围变得太宽泛或太模糊，那么组织就会很难从海量的信息中找到富有洞察力的信息。作为一门艺术和一门科学（也是一种经常实践的最佳方法），天际线扫描仍然从人类的关注、分享、讨论、分类和深思熟虑的解释中受益良多。

我们的经验是，天际线扫描在扫描类型平衡混合（连续委托性、广泛而深入性）使用时效果最好。拥有一个专注的团队（或个人）来管理流程并成为问题和信号的"管理者"十分有用，他们应该与整个组织中更广泛的感知网络定期协作（如图3.2）。这种类型的安排使那些喜欢进行天际线扫描，并且非常适合管理洞察力的人才，能够停留在传入的信号流和信息流中，也能确保他们的新颖而不同凡响的所见所闻从网络边缘向系统提供新的输入，同时可以访问正在收集的全部扫描材料。

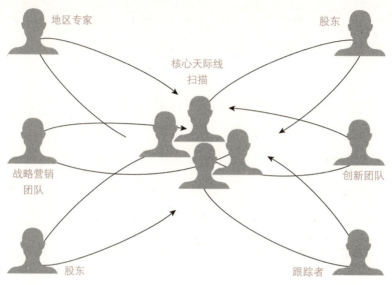

图3.2　核心团队和网络天际线扫描

即使您不是在一个更大的团队或企业中工作，而是把追求未来作为个人兴趣，留出时间作为日常生活的一部分也是非常有用的。当您在纠结看电子邮件或参加会议之前，可以先花30分钟浏览一下精选的信息资源，了解一些您尊敬的专家或观察者的想法。如果您乘车上下班，您可以花点时间浏览一些趣味时事通讯或一些需长时间阅读的文章。找到一种方法来捕捉您所发现的有吸引力的东西，或者做笔记来跟踪您遇到的有趣话题。我们中的许多人已经这样做了，他们大多是为了娱乐或消磨时间，可是为什么不把这段时间用来考虑未来呢？接受新的信息和处理他人收集的信息一样有价值，如果不是更重要的话——可以把它看作是一种"未来意识"的训练。

您在扫描什么？信号、趋势和驱动因素

到目前为止，我们已经讨论过隐喻性的未来地形，但也只是模糊地描述了这些地形上可能存在的"物体"。我们可以收集、描述、聚集、跟踪和询问的构建未来的模块是什么？与其他未来从业人员一样，我们使用广泛的分类法来定义变化的单位：信号、趋势和驱动因素，我们将在下面对其进行更详细地定义。图3.3展示了一种将弱信号聚集成强信号、支持趋势的信号和聚合为

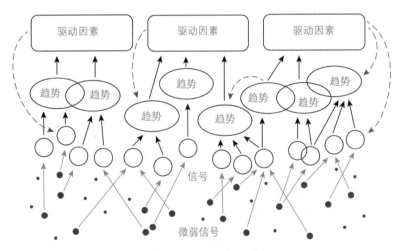

图3.3 信号、趋势和驱动因素关系

第 3 章
感知和扫描：寻找未来的信号

081

驱动因素的趋势的方法，其中每一层都提供信息并可能受到其他层的影响。诚然，这是一种用来说明这些元素之间的动态关系的不完美方式，但也表明了它们之间的层次关系。

信号

信号是您遇到的可以为您提供洞察力或证据的东西，这些东西可以为您照亮未来的道路。未来主义者米科·杜夫瓦（Mikko Dufva）为芬兰创新机构——芬兰国家研发基金会（The Finnish National Fund for Research and Development，SITRA）撰文，对信号的组成部分进行了细致的分解，并为任何给定的信号分配了3个属性："事物或现象本身，信号——新闻、照片、服务、物体、故事或描述主题，解释的事件；它们指代的是信号的接收方式，信号如何与解释者自己的观点、世界观联系起来，以及信号如何使用。"[6]

您到底想从信号中找到什么？通常，信号具有以下特征或行为。

- 频率：这种性质的信号多久出现一次？它们的出现是节奏缓慢随时间而分散的，还是定时的且成群结队的？
- 强度：这个信号是来自一个重要而有影响力的来源、市场推动者、主要权威机构还是类似的领导者？它们是放在显著位置还是有可能引起巨大的反应？

- 方向性：信号的频率和强度是否明显地提高或降低？观察到的信号是否暗示发生了更多的事情，或者边缘信号正在进入主流？

- 成熟度：您看到或跟踪这种信号已有多长时间了？问题或现象似乎在达到顶峰或趋于平稳吗？其他领域的类似信号是否可以给您提供参考？

- 传播性/扩散性：一个区域或部门中的信号或现象是否"跳跃"到另一区域或部门？信号从消费市场是转移到商业市场，还是跳跃至各种产业？例如，开始于医疗保健行业的信号，出现在了食品或娱乐行业中。

考虑这些特征可以帮助您判断一组基础信号何时能成为趋势的一部分，或者何时标志着整体趋势的变化特征。无论是感知还是扫描，在未来，信息的基本粒子时都是信号。信号是指您遇到的可以为您提供照亮未来道路的洞见或证据的东西。

信号有多种形式，包括以下内容。

- 数据点，比如定量或定量指标（比如调查数据或经济数据）；

- 一份分析报告（比如专家意见）；

- 新产品或服务（比如新技术或趣味性商业模式）；

- 情绪（比如公众投票或知情评审）；

- 行为（比如对现有产品或系统的黑客攻击或购买模式的转变）；

●一条新闻（比如正在进行的新闻中的公告或更新）；

●信息或通信（比如广告、俚语或视觉信号）；

●科学发现（比如研究突破或新见解）。

根据所讨论的主题或趋势的规模，在利基金融或消费趋势的狭义背景下，像单个数据一样小的信号可能尤为重要。然而，您可能也需要一组与城市或物种灭绝等广泛主题相关但不同的信号（如果分别研究城市化趋势或大规模生态系统趋势的话），以充分描述或指出一个非常庞大的系统中有趣的变化。

信号可以在各种各样的资源中找到：一篇描述实验室培养器官技术的新闻文章可能就是一个信号；在一次经济峰会上，来自不同演讲者的一系列类似的逆向情绪可能被视为一个信号；在不寻常的语境中使用一个新的或适当的术语可能是一个信号；在一个新的个人技术类别中，第二个或第三个主要产品的发布可能是一个信号。同样，语境有助于您定义信号。您个人对信号的基本定义可能与您所从事的领域和您的专业化水平相适应，有些主题自然比其他主题对微小的变化更敏感。随着时间的推移，通过练习，检测和分类信号会成为您的一种自然的习惯。

弱信号　弱信号通常被描述为最早、最小的变化信号，尤其是在它们指向的总体模式尚不明显的情况下。弱信号是那些根据您的经验和知识，能引起您好奇的、不合时宜并潜在地引人注目的项目、数据或故事。弱信号的概念是它让人感觉好像是它指向了方向上有意义的变化，可能存在发展的分叉，或者已经观察到的模式的重大演变。它们通常很容易被合理化或重新定义，因为这些信号在事件成真之后似乎很明显。

我们在日常工作中遇到的弱信号的例子有很多。我们写这一章时，已经注意到以下内容。英国威尔士的一个小镇将被迫搬迁，原因是其政府不能减缓气候破坏带来的损害；印度尼西亚当地的程序员开发了一种机器学习算法来检测空气污染；一名荷兰男子要求法官合法改变他的年龄以防止歧视，还声称自己在量子计算领域取得了突破；也有一小群人练习禁食来重置大脑中特定的化学感受器。这些并非是与任何活跃客户项目相关的必要信号，但经验和实践告诉我们，它们可能与气候变化、计算文化转变或人体黑客攻击相关的项目有关。弱信号通常出现在主要新闻网站的"隐藏"文章中，或者出现于通过策划的推特流。经验会让您越来越清楚地意识到自己应该坚持什么，要坚持多久，我们建议您把这些例子记在书签上，或者只做个心理笔记，以备日后考虑。

趋势：未来的积极成分

趋势可以定义为一种新兴的或持续性的变化模式。一个持续性的模式可以被认为是随着时间的推移会有足够数量的例子来暗示持续时间，所以通常不是单一的表现形式。趋势由信号和支持

性证据组成，这些信号和证据
表明事件的发展方向发生了变化
（例如增加、减少、演变或转

> 趋势可以定义为一种新兴
> 的或持续性的变化模式。

变），进而可能影响到后来出现的信号。它们不存在于真空中，
而是在一个不断演化的复杂系统中。

　　组织或机构通过改变习惯、监管或商业策略，可以使趋势逆
转或者重新确定方向。因为它们本质上是动态的，可以随着时间
的推移弯曲和成形。它们的动力较小，也不能保证能经久不衰。
同时，承认反向趋势也尤为重要。并非所有的趋势都遵循类似的
增长或扩散的模式。有些趋势可能会被重塑、取代或受到反趋势
的影响，因此寻找这些也很重要。所以您应该考虑任何相关的反
向趋势对现有趋势列表的影响，并决定如何在扫描上下文时呈现
这些动态。

　　为了避免将这种趋势概念与流行文化中常用的"趋势""新
潮"或"潮流"混淆，您可以把趋势视为在更广泛意义上具有某
种意义的时间跨度。在文化、时尚甚至金融领域，"趋势"通常
指的是某种短期的、季节性或周期性的东西，比如服装流行趋势
或货币历史价值的趋势走向。趋势可能会被截短——出现和消失
得很快，就像在社交媒体上流行的商品一样——所以它们在考虑
未来如何发展方面并没有真正的用处。在我们的实践中，粗略的
经验法则是将趋势视为某种方向性的东西，即影响力的增长或萎

缩，它的持续时间超过1年，但可能不会长达10年。

我们将趋势描述为未来的活跃因素，因为趋势模拟了影响力潮流的变化，它既可以单独进行，也可以通过与其他趋势的趋同和分化进行模拟。它们为信号提供了背影，并可以随着时间的推移建立新的驱动因素或形成新的驱动因素。趋势可以被认为是造成气候变化的天气预兆。

就像扫描和感知一样，收集、支持和描述一种趋势既是一门艺术，也是一门科学。趋势描述由以下几个部分组成。

- 名称：从使用角度来看，有一个清晰易记的名称来代表趋势十分重要。趋势是需要在一个组织内传播的信息对象，或者需要向更广泛的公众传播，因此它需要在其原始环境之外为自己说话。该名称应该是不言自明的，为了更清楚起见，最好不要写错。趋势的名称应简洁明了，直指问题所在，并可以让人们了解变化的含义和发生的位置。

- 描述和情境化：一种清楚、清晰、令人回味的变化描述——方式、地点和对象。可以将其看作是几个简短的句子，它们相当于项目的范围和框架，能将趋势与上下文相关联。

- 支持或证据：根据趋势在未来使用的背景，您可能需要引用3~4个趋势发生的例子，或者提供相关数据来说明这种变化。这可能是定量的或定性的。确定哪种形式的支持能获得趋势的认同对人们来说十分有益。

●含义：含义可以探索趋势可能引起的一些长期变化，或者由此产生的反应。一份含义清单应该足以证明趋势作为正在探讨的主题所考虑的趋势组中有意义元素的存在。

实用笔记

当然，您对任何一种趋势交流所附加的信息深度都与您部署信息的情况有关。您可能已经把上面列出的所有细节都记录在案，并与您的同事们达成了共识，但当您要参加一个综合研讨会或者要在会议桌上与同事们做一些基本的绘图时，简短的名字和几个项目符号都是进行有意义的讨论所必需的。

我们创建了3.1所示的工作表。这个表格能作为一种手段，帮助您从最初的想法对趋势进行描述，可能是基于隐性知识、支持性陈述或现有趋势数据库。当您单独或与同事一起工作时，本工作表为您提供了一个画布，可以让您引用有关适用趋势的初始想法，并帮助您记录脑海中出现的初始证据和信号，列出支持趋势的其他支持文章或研究，以及确定精确趋势陈述的地点，包括趋势发生的时间、可能的一级影响或暗示、方向性的一些描述等。在本书第4章中有更多关于时间的讨论，以及不同的排序模式，这两种模式在这里都是相关的。

表3.1　捕获和细化趋势

趋势	证据/信号	支持性研究	短期趋势陈述 时间/影响/方向	STEEP[1]偏差

驱动因素：塑造未来的力量

　　如果趋势描述了有限持续时间或有限范围的变化，驱动因素
（有时称为驱动力）则代表塑造或推动趋势的长期动力。随着其
时间跨度的延长以及对现在和未来的根本性影响，我们经常把驱
动因素描述为未来世界的冰川，因为它们通常进展非常缓慢，持
续时间很长（通常几十年），并以不容置疑却不可阻挡的速度改
变和更改周围的景观。

　　驱动因素是构成社会、政治、经济、技术和环境特征的力

---

[1] STEEP是用于理解评估的框架。其包含Social（社会）、Technology（技术）、Economy（经济）、Environment（环境）、Politics（政治）5个维度。

量。人口统计、治理体系、经济意识形态、平台时代或生态系统的行为都是驱动因素，因为它们往往在某种程度上比较稳定，不会发生快速变化或逆转。驱动因素塑造了由此产生的趋势。如果没有爆炸性的技术突破、战争、流行病等的刺激，这些更深层次的力量不会突然或迅速地改变方向或步伐。

将驱动因素视为预测的赌注。它们通常是许多不同探索的共同问题的开端，有助于为理解相对较短期的变化建立更深层次的框架。例如，几乎所有的未来探索都应该从演示图形开始考虑。通过观察人口、年龄等的长期社会模式，可以对未来可能存在的一些需求有一个基本理解。知道现在会有一个婴儿潮，或者以后会有一个人口老龄化高峰，可以为您提供一个长期的动态的初步草图，以及它们可能在短期和长期内刺激的经济或社会趋势的快照。

驱动因素建立了一个平台，您可从这个平台开始考虑哪些稳定和哪些不稳定的力量即将出现，或者哪些问题或多或少是确定的。什么更有可能改变其中的一个驱动因素？这些驱动因素会如何约束您的目标时间范围内出现的一个看似昙花一现的趋势？尽管跳转到一个迷人的趋势列表可能会令人兴奋，但对驱动因素的深入讨论将有助于您在未来进行任何探索。

从事件到地点：选择扫描对象的来源

持续不断的天际线扫描和随需随到的天际线扫描的来源选择有许多共同之处，但也有一些至关重要的区别，正如它们的功能所定义的那样。两种类型扫描需要的来源资料如下。

- 范围宽度：利用各种合理的资源，实现输入的多样性，选择不同的信息类型，涵盖各种观点；

- 时机选择：出版或输出的频率与特定主题信息使用的充分性相匹配；

- 变焦能力：将不同规模和专业的信号来源混合起来，给出宏观和微观问题的观点，并从单个微弱信号扩展到对成熟驱动因素的分析。

我们认为天际线扫描的来源可以分为两大类：次要研究和主要研究。在前互联网时代，扫描更多依赖于标准的文献综述，也就是通过期刊和报告、离线数据库、图书馆和官方研究，或许还可以通过采访一小群可访问的专家来进行扫描。虽然这些资源对于某些主题，或在依赖同行评审科学的缓慢发展的政策环境中仍然有用，但今天我们的加速信息环境中充满了数十万的数字资源，以及与来自世界各地的专家直接沟通相对容易，使我们能够从大量的研究渠道中汲取经验。

具有足够的批判性

我们应该清楚地意识到，随着可用性的提高，我们将承担更大的责任。在当前充满危机的信息环境中，威胁来自多个方面——我们每天都要面对大量的不实新闻、虚假信息、诽谤、恶意分析、不断涌现的深度伪造的能力、媒体日益意识形态化的所有权以及对官方消息来源的影响、机器人和其他技术的使用，以及可能——不，肯定——还有一些我们甚至还没有意识到的威胁。这些挑战使得审查、分析和评估信息等的工作变得越来越困难。好的未来来自使用最客观的信息，这是一项持续不断的工作，而不仅仅是一次性的行动。

二手资料

我们从二手资料开始，是因为这些都是扫描的典型基础。假定本书的大多数读者无法访问昂贵的专有研究数据库，而主要依赖开放性资源或基础学术和基于网络的行业资源，因此我们将在此列出一般的资料类别供读者参考。

专业学术期刊

这些数据在很大程度上有助于您对市场和行业的现状进行快速扫描或深入研究，并对您采访行业专家、报道其新的创新和研究，或者对专业、科学或社会领域的顶级预测非常有用。期刊是独立统计的优秀的一线资源。

官方报告和白皮书

权威机构、行业协会、政府机构、国际非政府组织、智库、研究机构和其他机构的研究，有助于您从宏观上了解这些领域的工作人员认为的重要的趋势和驱动因素，或者反映其成员的总体观点。值得注意的是，这些报告虽然基本上是客观的，但也可能会反映出这些组织的内部优先事项，因此也应该这样理解。

行业新闻和文献综述

无论是纸质媒体还是数字媒体，提供部门、行业的报道和新闻的渠道可以包括商业、技术、专业、非营利性、经济、政治或文化报道。这些资料经常能为我们提供部门发展、经济分析的连续报道和关键主题、不同区域或相关趋势的定期总结。

全球性和国家新闻

由于出版和更新的规律性和频繁性，持续性扫描对您了解趋势更为有用，扫描来自信誉良好而客观的国内和国际新闻的有用样本是收集文化、经济、政治、技术和环境方面持续信号的最佳方法之一。您可以在您感兴趣的领域，选择一个合适的地理范围，并在一系列音调、编辑倾向和读者群体中抽样，可以获得稳定的有价值的混杂性输入内容。

广播新闻、时事节目和播客

与全球新闻和本地新闻一样，几乎所有的广播媒体现在都有数字文本以及视频和音频。越来越多的主要媒体不仅为大众提供文字记录，而且也试图提供数字媒体形式供大众搜索。索引的日益普及为个人提供了数百万小时的搜索内容。而在过去，这些内容只能由专业人士提供。

数据库

虽然笨重的、专有的电子数据库时代基本上已经过去了，但仍然有大量有用的数据库可以让我们通过网络和其他来源进行访问，这些数据库在扫描方面很有价值。许多在线数据库允许用户设置自定义搜索和警报，有助于用户扫描过程的半自动化，并能够随着时间的推移跟踪多个问题。

博客

博客及其同类仍然是许多行业或地区中一些最佳、最有活力的专业分析的发源地。从太阳能创新到新加坡亚文化，博客可以为我们提供丰富有趣的资料，这些材料来自与主题更为接近的专家，而非普通的观察者。

新闻稿和链接整合器

就在我们写这篇文章的时候，个人和专业的实时通信正在卷土重来，尤其是电子邮件通信。由专业人士或具有特定领域知识的专家收集的整合链接资源是宝贵的二手信息来源，尤其是在技术、金融和投资、媒体和出版等领域。

对各种扫描端进行扫描

花费大量时间在推特或领英（或您所在地区的顶级专业网

络）、微信、WhatsApp等其他可以形成兴趣社区的高通量服务上，仔细选择、策划和过滤一个知名的自然或专业扫描网站，这样做是非常有价值的。我们自己维护着庞大的"情报"网络，利用这些平台来获取我们永远没有时间获取或接触不到的信息。

主要来源

作为从事前瞻性领域以外研究的实践者，我们一直强烈支持将主要研究方法和来源纳入天际线扫描领域。对于一些在很大程度上依赖于他人研究和分析的研究角色的读者来说，这似乎令人望而生畏，但这也给他们带来了一个可喜的挑战：成为新兴未来重要信号的主要收集者和解释者。这还充分利用了我们在本章开头所讨论的感知能力——主动注意和持续感知。

虽然在二次研究扫描中收集到的材料通常带有本身的分析，但作为主要收集者，这也意味着扫描仪部分的解释和综合水平。主要的观察和研究将未来主义者带到世界上更接近可能出现未来的地方，并更多地依赖于直接的模式发展——将两个或更多的项目或信号放在一起，解释它们可能意味着什么，或者它们可能支持什么样的未来。

扫描方面主要研究包括以下的例子。

专家意见与访谈

收集专家的意见时，无论是通过直接采访，还是在他们发言或交流这些想法和分析的过程中进行记录，都是非常有用的。在某些天际线扫描过程中，我们通常会选择采访一系列的主题的专家，或者是拥有特别有用的观点的人，以此作为信息收集的第一道关口。这些访谈有助于构建和测试我们正在进行的更广泛研究的某些假设。同样，专家的观点、经验和数据也可能是有用的信号。

观察性研究

通过摄影和录像、录音、收集实物或"人工制品"，以及其他记录经验的方式收集到的初步观察研究，对您的研究可以是一个有用的补充，特别是在寻找弱信号时。观察研究可以提供一些未来学家所说的"未来图像"，这是由荷兰社会学家弗雷德·波拉克（Fred Polak）提出的一个概念，用来描述指向可能未来的文化愿景。[7]利用观察研究进行扫描通常是为了寻找有助于您重新理解现有趋势的模式或信号，或者是为了对一种新兴趋势进行假设提供基础。

未来民族志

20世纪70年代中期，通过美国斯坦福大学的罗伯特·特克斯特（Robert Textor）博士的工作，通过他对文化进行的更深入、更广泛的观察，并将其作为民族志的延伸，对人、人的文化和习惯的研究出现了。[8]21世纪初，随着人类学家和设计研究人员的工作更广泛地转向战略预见，人们对这种实践的兴趣和运用增加了，反之亦然。我们在寻找民族志在未来的用途（和边界）的实践也在这个时候得到了发展，并为我们验证了使用扩展观察作为一种识别人的某些方面及其环境变化信号方法的价值，这种方法是直接询问或者采访个人和群体所不能做到的。[9]在一系列的未来探索中，从个人通信到医疗保健，再到食品的社会用途，我们发现这种在人们的行为、互动、符号和其他文化元素中寻找有用信号的方法，特别是当他们向前靠近或提供一些可能的未来指标时，可以为某些问题带来额外的丰富的层次。

艺术与设计

那些从事创造性艺术的人的作品，可以成为未来出现的强有力的路标。幸运的是，世界范围内越来越多的无障碍活动和展览吸引了我们对设计师和艺术家的批判性询问和探索，因为他们利用物体、环境、媒体和经验来凝聚或表达他们自己对变化的直觉——无论是积极的还是消极的。

大众传媒

与艺术和设计一样，大众媒体不仅反映了我们许多无法表达的现实世界，而且还为我们提供了一种新兴主题的框架或包装风格。当作家、导演、音乐家和其他创作者将自己对突如其来的变化提炼成虚构的形式时，受欢迎的节目、电影和书籍会以模因的形式源源不断地提供给大众文化。近年来，著名的思辨小说家玛格丽特·阿特伍德（Margaret Atwood）和威廉·吉布森（William Gibson）都指出，他们的作品不是一种对未来的预言，而是对现实中各种信号的收集和重新排序。[10]不过，您还需要注意反馈回路的影响，在反馈回路中，信号会被放大——例如，网飞公司（在线影片租赁提供商Netflix）会根据高质量的客户观看数据，来快速委托和制作新的节目，以及向那些倾向于以夸大其作为有用信号的重要性的方式并重复传播未来思想的作家致敬。这些反馈有可能扭曲信号的价值，类似于搜索引擎会根据受欢迎程度对反馈进行排名。最响亮且重复最多的主题，就像搜索时得到的第一篇文章一样，可能并不总是最有用的。

 ## 管理扫描对象：为管理模式导向

人们的扫描方式有多少种，未来的专业人士收集和管理信息的方式就有多少种。用于查找、收集、标记和存储信息的工具，从昂贵的定制数据库系统到个性化的临时工作流程种类繁多。不管您的扫描收集方法是什么，使信号、趋势和证据在一起才是最重要的，这样您和您的合作者就可以进入下一个阶段：意义建构。

> 人们的扫描方式有多少种，未来的专业人士收集和管理信息的方式就有多少种。

自我们开始涉足未来领域，已经有超过15年的时间了。从那时起，我们的一些同事就打印并归档了文章，或者在Word文档中保留了参考书目。Web2.0社交工具的出现，以及基于云计算的生产力工具的蓬勃发展，使得我们收集、组织和与未来研究员团队分享信号变得更加容易。这些加速了收集资料和意义建构向更广泛的元实践的崩塌。现在，我们的团队可以实时看到什么样的模式开始出现，我们可以修改主题分类，并使用反馈来改变或加深我们的扫描。这使得我们与同时在多个大洲工作的团队进行协作扫描变得更加容易，并使我们与利益相关者或客户分担正在进行的工作变得更加容易。

创建工作流

本章描述了两种摄取模式：感知和扫描。还描述了扫描的两种一般模式：持续扫描和按需扫描。图3.4将这些模式定位为一个过程——从收集，到策划，再到意义建构。我们将在第4章中对此进行详细讨论。

正如您可能已经以一些基本的、非结构化的或无方向的形式进行了扫描一样，在您的个人生活或职业生活中，您也可能有一个合理的机会让您用简单的工作流程来寻找或遇到有用信息，并指定一个地方存储您想要保存的信息，也可能是一种分类和与他人分享信息的方法。为未来研究建立一个功能性工作流程的过程不必比这更复杂，也许可以扩展到付费、高级版本的应用程序或支持搜索和扩展存储的网络服务，但不会远远超过这个范围。您

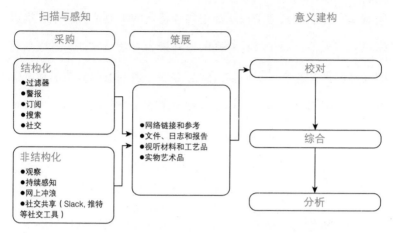

扫描与感知   意义建构

采购   策展

结构化
●过滤器
●警报
●订阅
●搜索
●社交

非结构化
●观察
●持续感知
●网上冲浪
●社交共享（Slack, 推特
等社交工具）

●网络链接和参考
●文件、日志和报告
●视听材料和工艺品
●实物艺术品

校对

综合

分析

图3.4　感知、扫描和意义建构的工作流程

或您的团队可能会选择更为复杂的内部工具，或购买品牌的趋势服务，但在这里，我们将重点关注您可以以更低的价格、足够的规模和能力完成的工作。

当然，所有这些都可能受到公司、校园或国家信息技术限制的影响，并非所有的公司或组织都允许员工使用自己的应用程序或跨防火墙共享。我们发现自己很难与一些大型企业或政府客户共享扫描结果，而且众所周知，我们依靠所谓的实体携行电子数据方法将一些无害的材料带进会议室。因此，在进行扫描时，请注意您的约束条件。

结构化收集

对于特定的扫描需求，或者对于您希望跟踪或关注的广泛领域，在谷歌或其他警报服务中设置特定的主题或关键字警报可能很有用，但这对于有针对性的搜索最为有效。其他工具以新闻阅读器的形式存在，可以插入来自许多一般和专门来源的动态信息，例如博客、网站等，在某些情况下甚至是新闻信件，这些可以捆绑到网站分类项目或文件夹中，以便自动收集。

非结构化收集

非结构化收集是传感的基础。您每天阅读权威新闻网站或关注个人或组织在社交媒体上的信息，不一定是为了寻找特定的信息，但这对于捕捉流经数据流的让您感兴趣的项目非常有用。浏览器书签、基于连续订阅平台的社交媒体扫描软件，如推特、领英、脸书❶、微博、照片墙（Instagram）、拼趣（Pinterest）、WhatsApp和微信群等，以及内部Slack❷频道和基于论坛的服务，如果壳问答网站（Quora）或红迪网（Reddit，一个社交新闻站点）等，都可以成为长期查看信号的有用场所。在我的团队——变

---

❶ 2021年10月28日，马克·扎克伯格宣布，Facebook更名为"Meta"。——编者注

❷ Slack是一个集聊天群组、大规模工具集成、文件整合、统一搜索多种工具和服务为一体的应用软件。它可以把各种碎片化的企业沟通和协作集中到一起。——译者注

革主义者团队内部，我们大量使用Slack频道来分享链接、文档、图片和现场报告，有时我们还会为一些较长的研讨会和课程的参与者提供参与渠道。同样，从这些扫描源中提取的文本价值高度依赖于个人的"画质选择"和对扫描源的仔细核对，以及功能强大的超临界透镜的应用。

策展与管理

一旦您确定了您感兴趣的文章、链接或项目，您会把它们储存在哪里？这是个人或组织需做出选择的另一个问题，也取决于哪些平台可以长期提供有用的功能。在超过15年的时间里，我们大约每3~4年迁移一次策展或研究管理平台。因此，在这个阶段，您值得考虑的是，您的研究成果将在哪里长期储存和管理。

选择策展和管理工具主要有两个注意事项：格式选择和内部文化选择。格式选择是一个能帮助您找到适合自己的工作性质的策展工具的简单方式。您是否更依赖已发布的调查、报告和研究的PDF文件和网络链接？在这种情况下，您可能想要选择一种围绕文档收集、元数据管理、生成书目等设计的策展和管理工具，例如，Zotero和DEVONthink等文件管理器，或者在线图书馆，如Mendeley文献管理器等。对于分类书签和链接的管理，您可以使用应用程序和网络解决方案，如印象笔记（Evernote，一款笔记管理软件）或Notion（全能型云笔记软件）等，也可以使用更简单的工具，如Diigo（Digest of Internet Information,Groups and Other Stuff，一个社会化书签标注管理平台）或Pinboard提供网络书签服务的平台。如果您要收集视觉信息，则可能要使用拼趣（一个图片社交分享网站）或Are.na（一个创新和合作研究的社交平台）。如果您想保存和检索长期阅读的文章和PDF格式文本，Pocket（一款手机端的离线阅读服务软件）是一个不错的选择。因此，对于策展和管理工具的选择，很大程度上取决于您所使用的平台是否提供了简单的文件或项目保存和排序方式（可以从网络或移动浏览器进行管理），以及是否让您可以在有意义的阶段轻松地检索信息。

笔记应用程序近年来已经出现，可用于人们在生活中实时捕捉信号。在将笔记移至更大的策展空间之前，OneNote（电子记事本）、Bear（手机笔记软件）、Google Keep（谷歌云笔记）、Apple Notes（苹果电子记事本）以及其他一些电子记事本将作为个人收集的暂时储存区。笔记应用程序还允许进行单独的预处理，您可以利用它把照片压缩或扫描，或者做一些田野笔记，为野外发现的信号提供背景。这些都是与移动设备兼容并通过云连接的，可将您的智能手机或平板电脑变成功能强大的野外电子笔记本，以便您随时随地进行操作。

内部文化选择是一个更模糊的问题。不同团队可以拥有截然不同的信息工作流，尤其是那些规模小、组织松散或者没有内部信息技术策略紧密约束的团队。另外，一个群体中的感知和扫描习惯可能会有很大的差异，您应该注意不要让工具或平台的形式过度决定内容。除了在企业软件套件或品牌监控系统中采用昂贵的附加组件之外，组织、机构最明智的策略是找到最小的工具集，然后随着不同参与者学会流畅地协作而对这个工具集进行发展。您可以从共享文档空间或笔记方案开始，定期将信号、趋势"转储"到协作数据库。并且定期回顾和讨论收集到的信号、趋势和人工制品，这也是思考可用性议题的良好时段。建立分类和标记系统也是如此。这有助于评估所有扫描协作者维护有用的标签和分类系统的意愿和能力，以便您和您的团队能在一致的分类名称中放置和检索信息。

收集所有信息

这个阶段可能更像是研究过程中的研究生专题研讨会，但正如我们在开始时所说的，未来的这一阶段是推动更广泛进程的动力燃料。未来主义者理查德·斯劳特（Richard Slaughter）在其1997年的论文《发展和应用战略远见》（"Developing and Applying Strategic Foresight"）中将战略远见定义为"具有创造性和维持高质量的连贯和实用的前瞻性观点和利用组织有用的方式产生见解的能力"。[11]我们的感知和扫描目标基于许多不同来源的已定义和未定义信号的混合，为高质量而连贯的、有组织且有用的观点和见解奠定基础。努力找到一个平衡点，一方面培养敏锐的边缘意识，善于发现和觉察有趣的信号；另一方面建立一个有用的传感网络，并把收集到的材料转变成一种结构充分的形式，以便进行良好的意义建构，这是未来任何规模的组织或机构面临的最重要的挑战之一。

感知和扫描不是一种您能立刻开始的活动。但等待着需求或问题出现则意味着信号已经丢失。感知和扫描进行合作时，您需要对两者都进行练习，以获得您的注意力得到最佳调整的感觉，并培养自己对他人感官的熟悉。好消息是，毫无疑问，您在自己感兴趣的领域和实践中拥有大量的隐性知识，这为您开始学习奠定了坚实的基础。现在是开始扫描的时候了。

有人称将此之为"深渊凝视"。意思是如果您整天凝视深渊，深渊就会凝视您。[12]

上面这句话摘自沃伦·埃利斯（Warren Ellis）2016年的中篇小说。小说中一位名为亚当·迪尔登（Adam Dearden）的未来主义者被送往位于最黑暗的美国俄勒冈州森林深处一个名为"正常大脑"的地方，这是一个（纯粹虚构的）未来主义者康复和互联网戒毒中心。这本书的出版，得到了世界各地的未来主义者的一致认可：埃利斯已经诊断出了该行业中的一个非常现实的问题。此外，他还为21世纪几乎所有能使用高速宽带的人诊断出了一个问题：当宇宙中几乎所有的信息都能为您所用时，您在这个世界上该如何处理这些海量的信息？——有时甚至是精细的细节——更不用说对所有信息进行分类和分析了。

如今，您可访问的数据比历史上任何一代人都要多。您可以随时随地浏览来自尼日利亚、韩国或冰岛的新闻，让迪拜的同事给您发一张不寻常广告牌的照片，您还可以居家查看股票市场，评估您的睡眠质量和生育能力，和您的孩子玩网络游戏，所有这些都来自一个比把人类带到月球表面的宇宙飞船具有更大计算能力的装置。信噪比从来没有像现在这样不平衡过，当您的工作是寻找指向重大变化的弱信号时，这意味着您要比以往任何时候都更加努力。

当您开始扫描的时候，您会被诱惑去不断地接触每一个可能的信息来源，尤其是当您试图保持我们在这里所写的主动注意的时候。对很多人来说，无论是通过推特、脸书、微信、抖音，还是其他一些尚未上市的社交平台进行扫描，都意味着一次"无限下拉滚动"的动作。也许这意味着翻阅科技期刊上的摘要，或者参加边缘戏剧（不同于主流的戏剧类型）制作、设计展览、技术大会或时装秀，或者观看其他国家的电视剧。或者，这也可能意味着在不同的新闻网站和博客之间来回切换，沉浸在热门话题和冷冰冰的事实中，因此，如果在做这些时您能试图回答一个看似简单的问题："发生了什么事，这件事能告诉我什么"这就很容易被视为一种富有成效的活动。毕竟，知识就是力量。对吧？嗯……有些时候。

信息消费和生理反应之间的关系十分明确。美国心理协会2017年的一项研究发现，56%的美国人在接收新闻媒体的消息时感到压力重重。[13]来自无限下拉滚动模式的"间歇式奖励"系统点燃了人类大脑中4条主要的奖励途径。[14]美国加州大学默塞德分校心理神经内分泌学实验室的一项研究表明，在紧张事件发生后浏览脸书实际上会增加应激激素皮质醇的浓度。[15]所有这些身体反应都会对人的整体健康从睡眠质量到血压——产生重大影响。

您所看到的和您的感受之间的联系是如此强大，以至于能推动大量的营销预算、社交媒体策略和政治活动。2012年，美国康奈尔大学的研究人员通过脸书成功地进行了一项实验，即通过对用户看到的帖子类型进行重新排序，就可以在用户中产生"情绪感染"。[16]这些结果可预测、可测量、可重复。这意味着什么？意味着每次您对看到的东西做出反应，您就是在为别人赚钱。每一次多巴胺、皮质醇和肾上腺素的分泌都会成为别人口袋里的现金。

这个论点并不是支持冷漠、无情甚至让我们冷静，而是一个自我保护的理由。战略性未来首先需要战略性。正如您在您的项目范围内建立了明确的界限一样，您必须为自己的研究实践设置类似的限制。正如奥美（Ogilvy，美国著名传媒集团）建议的那样，尽管您想培养对日常生活中漂浮的环境信号的持续感知能力，您也必须学习如何以一种对您的情景立场有益的方式对这些信号进行分类。[17]环境意识与其他任何一种感觉都一样，可以被磨炼。一个有效磨炼的方法就是设置限制。

我们的非未来主义者同事们的一个常见的说法是，他们"永远不可能"接触我们日常扫描练习中经常接触的大量信息。"这太令人沮丧了，"他们争辩道，却也在无意中呼应了埃利斯的前提。持续的意识让他们觉得这是一种高度的管理监控，这在某些方面是正确的。培养扫描和感知就像培养其他类型的感觉一样：需要一定程度的敏感性。品酒师不会把整个酒窖都喝光，然后就宣称自己是专家：他们不仅要花时间检查原料的来源，还要培养自己对这些原料的短暂、本能和（最终）习得的反应。您的目标不是吸收所有可用的信息以及让自己迷失在海量的数据中，而是要学习如何选择新类型的信息。这将给您一种景观感——如果您愿意的话，可以称之为一种地域感。

此外，尽管您对您所消费的信息会有自然的情感（有时是发自内心的）反应，但您的任务最终是抑制您的反应，以使得您的团队或客户也能有自己的反应。他们可能有和您不同的反应。这是因为他们强加或创造了他们自己的材料叙述，而且这些叙述也与您的有所不同。虽然您不应该忽视自己的叙述，但作为一个促进者或研究者，您要做的通常是帮助别人理解他们的叙述。当您沉浸在足够多的信息中时，令同事感到震惊的事情对您来说可能只是个旧消息。这并不是因为您变得麻木不仁了，只是因为您一直在跟踪这个新闻报道，以至于对某些人来说具有创造性的东西，对您来说已经司空见惯了。

引导参与者通过一系列信号或场景时，有时您会感觉像是带他们穿过一个游乐场：当他们在布满镜子的大厅中漫步时，他们会花时间观察他们可能的未来的所有扭曲和变化。而对于气候变化及其对人类的影响不断升级的信号，未来社区已经开始讨论如何与这个问题保持"直接的目光接触"。但在您看来，那些扭曲的镜子不再扭曲，它们只是另一种扭曲人们视线的方式。每一个反射都是精确无误的。知道了这一点，您就没有理由忐忑不安。

玛德琳·阿什比

第4章

意义建构和绘图：将数据和见解转化为模式和主题

> 希望存在于这样的前提下：我们不知道将来会发生什
> 么，但在不确定的广阔空间中，我们有足够的行动空间。
>
> ——丽贝卡·索尔尼特（Rebecca Solnit）[1]

　　未来的关键转折点是您从收集信息转向理解信息的时刻。简而言之，不是您知道多少，而是您从中学到了什么。上一章描述了感知和扫描的行为，或者说是对未来可能出现的问题的隐喻性描述，这些问题可以让人感觉到未来的形势，以及在给定的形势下可能出现的问题类型：信号、趋势和驱动因素。

　　不过，这种信息和指标的混合体在收集时仍然具有相对非结构化的特点。即使是感知和扫描的过程都不完整，您也能够理解所收集的东西，并通过一个范围更广的问题或更广泛的框架来对其进行考虑：您想了解什么样的未来？然后，通过一个反复收集和提炼过程，使之前的议题可以变得更加清晰。调整，聚焦，观察，评估，加减，再调整。从这个过程中，您不仅可以了解可能影响未来的趋势和驱动因素，还可以了解它们各自的重要性、可能性和可能产生的影响，并评估它们在一起时的集合意义。

为了开始理解您收集的东西，一些额外的视角或标准限制十分有用。首先，您必须建立一个框架，以帮助您确认扫描是彻底的且经过深思熟虑的，并且能更容易评估所收集的扫描材料是否足以满足您的需要。其次，将相关属性或品质赋予趋势和驱动因素是有价值的，这样才能开始理解它们的含义——相对于彼此和整体而言。这些都是在您进行意义建构之前需要采取的重要步骤。

 用以理解和评估的框架

未来主义者喜欢使用缩略词和助记符——这些源于更为学术性的实践根源的遗赠。我们发现的最有用的框架之一是STEEP框架，它代表社会、技术、经济、环境和政治。如果您以前做过战略研究，或者攻读过工商管理学硕士，您可能会遇到过STEEP的变体之一，包括PESTE（同一框架，只不过进行了重新排列）、PEST（减去环境）或STEEP+V（增加了为解决道德、精神等问题的趋势或驱动因素增加价值，代表项目范围内重要形成因素的意识形态或其他形式的价值观）。"政治"也可以包括法律或监管问题，尽管这些问题有时与政治问题一起存在于各自的类别中。在本书中，我们将继续研究STEEP框架，因为这是我们自己实践中最为牢固的框架。

与任何框架一样，STEEP应该作为一个广泛的类别来使用，而不是相互排斥的密闭盒子。为了理解这些类别下的主题，我们通常将其定义为如下内容。

- 社会：与人类文化、人口统计、交流、流动和移民、工作和教育有关的问题。
- 技术：创造了文化、工具、设备、系统、基础设施和网络。
- 经济：与价值、货币、金融工具和系统、商业和商业模式、交流和交易等有关的问题。
- 环境：与自然世界、生活环境、可持续性、资源、气候和健康有关的问题。
- 政治：法律问题、政策、治理、规章制度和组织体系。

定义和观察您的扫描属于这其中的哪几个类别，或者使用这些类别对您的扫描进行扫描中或扫描后的分析和比较，这种方法非常有用，可以让您对影响一组特定未来的趋势环境有一个初步的了解，也可以让您了解自己的假设，或者重新核对自己的假设以及对环境的理解。

您一旦觉得已经完成了一轮充分的扫描，并可能从自己现有的研究或默认知识中汲取了灵感，就可以在便笺或卡片上记录趋势，并按STEEP类别对其进行手动排序，或者使用简单的电子表格工具构建可以进行分类的基本清单。

使用初始STEEP排序，您可以提出有关天际线扫描或趋势收集的许多问题，以帮助评估您的研究或头脑风暴的整体性。

STEEP框架中趋势和驱动因素的分布是否反映了您所研究主题的性质？例如，如果您展望技术的未来，那么技术趋势和驱动因素是否比其他类别更多？这有意义吗？还是您过度专注于技术而没有充分考虑其他相关趋势？

如果某些STEEP类别的代表性过高或过低，是否说明您的研究团队对那些类别缺乏足够的研究，甚至缺乏洞察力或意识？考虑这些问题可以为您指出哪些领域可能需要您进行更深入的研究。

使用结构化清单进行初步的感官检查，可以让您有理由回过头来对它进行更深入的挖掘，检查更广泛的信号和资料来源，或者重新构建一些最初的假设。当趋势和驱动因素汇集在一起时，讨论这些趋势和驱动因素的整体情况也是一个很好的切入点：例如，您可以看看最初收集到的图片是反映了假设，还是能为您提供新的发现。

使用共享的在线电子表格来进行这种类型的分类，可以让一个潜在的扫描团队能够构建和更新趋势清单，通过协作进行分析，并为项目带来更为广泛的支持证据。与客户或利益相关者分享正在进行的扫描时，这种方法也可以起作用，因为这种方法能让他们看到您早期的基础研究，有助于他们理解洞察力是如何演变的。

超越显而易见的界限

如果管理得当，分享正在进行中的清单的做法可能是一种很好的方式，能在您的思维展开时，将意外的分析或者其他新领域的假设进行社会化。这可以使正在工作的其他人员获得比较隐晦的见解，并做好准备。有这样一个案例。我们在2016年与一家外部研究机构及其客户（一家全球制药品牌）合作，探讨了幸福的未来，主要关注人的消化系统健康。我们从天际线扫描中收集的研究包括需求、形式、交付和类似问题的一系列市场问题。在我们的研究范围中，我们还希望包括其他行业的一些趋势，这些趋势可能会影响消费者未来对幸福感的构想，以及研究可能会破坏或扩展市场定义边界的长期变化。

当时，我们注意到的一个异常趋势是由美国大麻合法化所引起的。那时，大麻合法化才刚刚开始在美国各州的立法机构中投票通过。如果这一趋势加速，相关产品的商品化将影响消费者寻求幸福的方式，以及影响他们为实现这一目标可能会花多少钱。客户当时根本没有想到这种趋势。然而，在我们机构同事的帮助下，客户了解了我们的工作进展，我们也能够扩展客户的参考框架，并以这样一种方式将这一想法传播出去，使之看起来与我们在正式交付时对景观的更为广泛的评估并不矛盾。基于之前的工作，我们的合作伙伴也相信我们可以确定我们认为有价值的景观的外部边界。提前打好基础有助于客户（制药团队）扩大自己的视野，提高人们对这一问题的认识。截至2019年底，这一问题在全球最大的消费性医药市场引起了极大关注。

 ## 增加分析标准：时间、确定性及影响

到目前为止，我们有一个一维视图——一个趋势和驱动因素的列表，如果您愿意这么认为的话——可以按STEEP框架的类别分类。您可以将附加条件添加到单个项目，并准许项目有新的分析维度。每一个趋势或驱动因素都有许多特定的特征，当一起对它们进行评估时，这些特征可以提供不同的视角来理解和描绘您收集到的东西。

时间

既然您要把未来当作一幅风景画来处理，那么理解趋势和时间之间的关系就显得尤为重要。正如您在开车时通过后视镜看其他车辆、物体或人离您有多远一样，了解一种趋势在未来什么时候会产生重大影响，或者影响能持续多久，对于孤立地理解趋势以及理解其与其他趋势的关系至关重要。

　　时间也是处理事情时的一个棘手的方面，因为其本身需要一些预测，需要大概的时间点来及时确定趋势。尽管在过去的10年间，期刊编辑们尽了很大的努力，但趋势和驱动因素并没有严格按照日历来运作。它们不是从元旦开始到12月31日结束。正如本书第3章所讨论的，趋势和驱动因素往往有一个无法确立的预期时间期限，可以是几个月，几年甚至几十年。为了在未来绘制地图，您在一个大致的时间范围内对趋势进行排序十分有用，当这些趋势可能产生最显著、最有意义或破坏性的影响时，您可以通过思考一些简单的问题来确定：基于未来调查的深度，这个趋势是否可能在近期、中期或长期产生更大的作用或影响？

　　为了回答这个问题，从不同"范围"或有意义的时间段来思考非常有用。例如，如果

> 从不同"范围"或有意义的时间段来思考非常有用。

您在进行一个为期10年的未来工作，您可以把这10年分成3个范围来帮助您思考。图4.1显示了这种分类可能的样子。

图4.1　10年时间轴的范围划分示例

　　在上面这个的例子中，您可以将一个近期趋势——可能是关于目前刚刚出现的一个问题——归类为在范围1中有更大影响的趋势，而另一个更具有不确定性的趋势可能在范围3的某个地方，即

处于这个10年期限的后期。如何确定有用的时间细分和分配时间范围取决于诸多因素，包括以下内容。

- 您的研究对象、您所经营的市场或其他因素是否有自然时间间隔或阶段。例如，一些大公司或政府同意整个组织的标准时间范围定义，以便在一个共同的时间表上进行长期规划，这些时间表被确定为"官方"时间范围。

- 您所处的行业是否有特定的发展时间尺度或自然节奏，这也决定了时间范围的设置。例如，许多消费市场的时间跨度很短，而自然性或技术性问题可能会在较长的时间范围内展开。

- 时间与您所讨论的未来的规模有关。例如，在进行长期的未来研究时，时间范围往往会以10年为尺度进行划分（例如1~10年、11~20年等），甚至更长。

将趋势和驱动因素放在一个时间范围上的行为已经是一个预测的起点，因为这基于您收集到的见解，或者是与您的未来同事团队达成的共识。在做出这些判断时，您正在为从静态趋势清单移动到示意图的开始做准备，这将在下一步进行。在您决定时间范围的过程中，还需要更多关键性的考虑，即什么推动了一种趋势，该趋势上升（或最终下降）的动力是什么，有哪些更广泛的问题在起作用，以及它与其他趋势如何相互联系，等等。分类伴随着一些对未来的隐含的假设。现在，这些假设开始找到了相关背景。

　　为您发现的趋势和驱动因素指定一个广阔的时间范围您需要做两件事。第一，通过对时间进行排序，您就有了一个起点，就可以发现您的各项趋势之间更为具体的因果关系。第二，按时间排序可以让您看到您的愿景是否在近期更清晰，而在中长期可能就不那么清晰了。如果您在扫描范围1时收集到了很多趋势，但是在范围2和范围3上收集的各种趋势较少，这表明您需要扩大扫描范围，或者找出这些范围少有人对其进行研究的原因。

　　您还可以看到人们对范围1的研究非常多，因为这段时间的大多数趋势已经被人们认识到，甚至正在进行中。范围3可能包含许多更加长远的预测和未来展望，但对范围2进行研究的人比较少。这可能也指出了您研究中的一个薄弱环节，但也可能是预测转型和转折点的一个普遍困难的指标。中期趋势在近期目标（可能已经投入了大量资金）和围绕某个部门或问题的长期愿景（已经有投资规划或承诺）之间架起了桥梁。认识到这一差距通常是进行理性分析的第一步，即寻求更好地理解景观中的差距，并确定哪些地方需要对近期趋势、未来趋势和驱动因素进行更结构化的考虑。

确定性与概率

　　处理不确定性具有挑战性，但使用一些简单的做法可以使其易于管理。未来不是一种预言，也不能十分肯定地说X或Y将在某个特定的时间点发生，这一点怎么说都不为过。对未来的可能性进行确定或决定，既具有主观性又不甚精确——即使最好的计算机模型也包含了主观的解释。试图将不确定性降至零是纯粹的风险管理，不是未来实践的一部分。试图分配定量的概率会把您带到一个误区，同时也会引出一个问题：多大的概率会对未来的任何练习都有用。

但是，即使没有严格的指标可以确定趋势最终发生的确定性，您也可以在趋势与推测的驱动因素之间建立关系。面向未来指的是了解潜在未来的前景，从而指导当前做出更好的决策。即使某些问题仍然不确定，也可以这样做。实际上，正是这种不确定性为战略可能性提供了空间，因为它可以告诉您很多信息，例如，您缺少哪些信息或洞察力，或者您在哪些方面缺少足够的信息。

确定性的级别分类

虽然在未来有许多方法可以对未来的确定性和可能性进行分类，但我们仍建议您使用两种方法来支持第5章中描述的场景开发方法。

一种方法是根据商定的确定程度对趋势和驱动因素进行排序。这可以是由您和您的团队确定的，对确定性的低、中、高3个级别的简单细分，并对每一个级别进行定性定义。您也可以更进一步，应用一个数值尺度，在一个您和您的合作者可以接受和测量的尺度上，用一个粗略的点对其进行定性定义，然后将所有的数值点平均为一个群体共识。团体排名给每个人提供了一个机会来讨论个人排名中的任何分歧或异常值，作为从各自的组织或生活角度揭示不同假设或观点的一种方式。

当通过数值尺度进行排名时，重要的是您要向团队澄清，这些数字代表了一个粗略的尺度，用来衡量团队的集体确定性或不确定性。它们并不是作为科学衡量标准，而是作为一种实际的排序方法。同时您也要知道，您所采用的测量尺度可能会因您关注的主题而有所不同。从本质上讲，处于较后时间范围的宏观问题更难从确定性角度进行评估。

另一种常见的未来分类方法是在3个P中指定一个P。这是一种在具有预见性的世界中以悠久的历史眼光对未来问题进行分类的方法。考虑3个P的简单方法如下。

- Probable（可能）：基于我们目前对世界的共同理解，当前可能会出现的趋势的延续。

- Plausible（可信）：基于我们目前的认识或理解，可能发生的趋势。

- Possible（可适）：基于我们目前的知识，并非不可能的未来趋势。

您可能会认为这是一些位于可能这个圆锥体中的同心层，当我们在时间知识的边缘进行展望时，这些同心层会消失，就像汽车的前灯无法穿透高速公路上的雾气一样。即使我们大体上很清楚前方的道路（可能），我们也认识到这条道路更远的地方的状况或物体可能会发生变化（可信），可以想象的是，在前方或我们的视野之外，可能会有异乎寻常的事物，这些事物会改变或影响我们前进的道路（可适）。

实际上，与时间范围一样，将趋势和驱动因素分为3个P，使我们能够将问题分为不同的层次，以建立更确定或让我们更有信心的领域以及有待探索的领域（见表4.1）。如上所述，这些偶然性空间并非消极负面的，而是具有建设性意义的——根据自己的喜好更清楚地确定未来可能会受到影响或塑造的地方。

表4.1　按照时间范围排序的趋势清单

问题	类别	趋势描述	范围	3个P
云计算成本的增长	环境	新的研究指出，大规模培训和操作机器智能的环境成本日益增加。这种活动本身产生的对云计算日益增长的需求对碳排放有着重大影响	范围1	Probable（可能）
诡异形体和声音的成形	社会	从家用电器到移动机器人，再到自主平台（航空标准、无人机、飞机等），人类将越来越多地面对新兴智能和人工智能语音的物理"外壳"，而对底层的逻辑模型一无所知	范围2	Probable（可能）

续表

问题	类别	趋势描述	范围	3个P
私人专用人工智能的出现	经济	数以千计的专用人工智能将出现在企业、政府和/或学术领域，但很少或根本没有迹象表明它们何时进入了一个新的地理或生态系统	范围2	Plausible（可信）
后图灵智能的挑战	科技	下一个10年，我们很可能会通过图灵测试的另一个方面，来了解各种各样的人工智能，这使得人类在更多情况下很难知道或不可能知道他们与人工智能和其他生命体的互动时间和方式	范围3	Possible（可适）

衡量影响

衡量趋势和驱动因素的第三个标准是影响。衡量影响的一个标准是规模，也就是说，相对于其他趋势或绝对的衡量标准，一个趋势的影响在大多数情况下，很难用同样的量化标准来衡量。例如，用金钱或人口来衡量，除非您已经按照这些标准进行了详细的建模。

一个较为灵活的方法是，您可以确定地采取类似的策略，制定一个从高到低的大致的相对尺度，或者使用1~10的尺度。如果您的目标是生成一个"足够好"的趋势排名，这就足够了。根据不确定性和影响对一组趋势和驱动因素进行排序是一种很好的整体分析形式，可以为您收集的更为广泛的一组趋势提供一些视角和见解。

第二个方法是，为了从正在进行的天际线扫描中开发出长期趋势数据库，您可以按不同的影响领域对其趋势进行排序，比如，客户群体、业务部门、地理位置或其他相关因素。例如，正在世界各地展开的主要趋势可能会影响某些区域，但不会影响其他区域，这可能与您绘制的趋势图相关。或者某些趋势可能与几个客户群体或业务范围相关，但并非与全部相关。与同事合作时，您可能会确定一组影响领域，通过这些领域，您可以标记趋势和驱动因素，以便根据您的业务或兴趣领域对其进行评估。

绘制未来蓝图

既然您已经收集并列出了一份趋势和驱动因素的清单，并确定了一系列标准，那么将这些趋势和驱动因素从列表转化为地图是下一个重大飞跃。您的天际线扫描，或持续性感知，可能被视为个人活动的集合，但是用伦敦经济学院研究员罗瑟·普贾达斯（Roser Pujadas）的话说，绘图是一种"意义建构的社会实践"，这种实践将"个人认知转变为共同理解"。[2]由于未来是建立在集体感知的交流与协商基础之上，因此这些感知活动是实践的核心。

在这种情况下，绘图是一种图形显示。在大多数情况下，以时间和确定性作为两个启动条件进行绘图非常有用。这个过程给您提供了一种方法，让您能根据自己的扫描，直观地看到您当前对一个特定未来的看法有多清晰，并对未来可能发生的变化有一个早期的认识（在第5章最后一部分有更多关于这里的内容）。

绘制第一张地图

无论您选择在白板上使用便签、在临时桌面时间表上使用卡片，还是用其他方法，都可以将趋势和驱动因素从您的扫描清单中移出，转移到一个互动的、可延展的空间中，您和任何与您一起工作的同事都可以通过在所选时间轴上的相关点上放置一个或两个初始趋势来开始绘图过程。这就开始了一个讨论练习，基于您对这些趋势在时间范围内的大致位置和确定程度的判断，每个趋势都位于空间中。作为一个心理书签，将驱动因素放置在时间轴的底部对您很有帮助，因为您可能对它们抱有更大的确定性，将它们作为基本力量，并作为支撑地图的基本力量的文字提示，这反映了范围界定问题的参数设置。

作为一种社会实践，地图是模糊的、直观的，而且是定性的。因此，您可能会发现这个流程一开始是令人不安的自由形式。那您要怎么知道什么东西去了哪里？一旦您以启动趋势的形式投入了一些成本，您就可以开始定位其他趋势，也许可以随着讨论和活动的进行而改变那些已经放置的趋势。您很可能会发现一些趋势的存在，并根据合理的趋势预测并帮助改善目标对象的地位、排名或特征。除非您有异常详细、准确的数据（在这种情况下，您做得更多的是技术分析），否则您的地图将给人的印象是：这是一种比您刚有一个清单时理解更多的手段。在这个过程中，印象就足够了。但您要记住一个重要的注意事项：无论您选择什么格式或材料，所绘制的地图都应该是易于复制和理解的——不应该太抽象或深奥，否则很难向希望观察此过程的同事或利益相关者解释。最重要的一点是，在您开始之前，不要试图将任务过度智能化。

在对趋势进行了初步的盘点之后，您可以退一步看看您的草图。您可能有一些与图4.2大致相似的东西——一个根据时间和确定性绘制的趋势图。

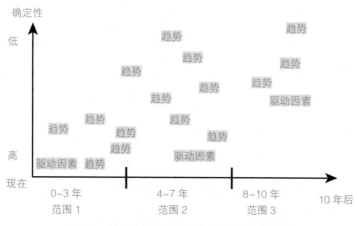

图4.2　按照时间和确定性绘制的趋势清单

这幅示例图以大约18个趋势或驱动因素为例对时间和确定性进行了说明。您收集的与此相比，可能或多或少。您下一轮的理性思考应该是回顾你所绘制的示例图，考虑您是否有足够的"数据"来决定该图是否能反映您试图绘制的未来的第一张有用的草图。图上是有很多项目还是有大片的空白？该图中的问题是集中在近期和高度确定的范围内，还是在3个范围内均衡地分布，并且可能在确定性范围内来回浮动？您的自然视野和对未来的自信程度可能使您在展望未来时，感觉自己的"初稿"图太过肤浅和武断。

填补空白

下一步，您要考虑的是差距以及您已设定的趋势和驱动因素如何帮助您生成更多的材料来填充示例图。您可以从以下两个问题开始。基于您正在探索的未来深度，您在图上是否有足够的材料来支撑"顶级大片"式的叙事或主题出现，是否还有其他的替代未来的基石？

> 您是否有足够的材料来支撑"顶级大片"式的叙事或主题出现？

如果在时间或确定性方面存在巨大差距，您是否还有其他趋势或驱动因素可以填补这些空白？把图明确地画出来只能告诉您您正在探寻的故事，这样做毫无意义——如果没有什么新发现，为什么还要绘制一幅图呢？

当您在这个阶段思考您的绘图可能会遗漏什么时，可以思考以下问题。

- 当前的趋势是否会成为未来10年或更长时间的驱动力？那会是什么样子？还有哪些趋势可能会汇聚到一起来推动这一转变？

- 在这段时间内，哪些趋势的重要性会下降或消失，还有哪些趋势可能会上升来取代前者的位置？

- 这种趋势持续了多久？就这一点而言，这种趋势存在的合理期限是多少？

- 当前趋势的重要性会因为何种原因增强或减弱？已经出现在地图上的趋势如何为其他趋势创造或打开大门？

- 在这10年中，您的核心客户、市民、利益相关者或关键网络参与者将如何变化？这些会催生哪些新趋势？

- 那些目前处于边缘范围的人，或者那些还没有成为未来一部分的人怎么办？那些太年轻而不能影响现在的习惯或需求的人会如何影响您未来几年的地图？

- 是否存在重复？您和您的同事真的只是在说同样的话，还是会在已经确定的相似趋势之间存在差异？

您也可以看看您已经收集到的趋势，考虑其所依赖的技术、法律或实践。这可能暗示了其他趋势可能对您的示例图有用。就这一点而言，又可以提出以下问题。

- 是否有其他人制定的现有路线图或时间表暗示了合理而确定

性的趋势或驱动因素？例如，是一项技术的更新或新品发布即将出现，或已知的战略变化已露端倪，还是一项新的法律即将生效？

- 未来是否有可能引发有影响力的重大事件的新趋势，或者这些已经在"牵引"其他事件？这可能包括全球性的体育赛事、重大选举或其他重大事件。

- 开发创新并将其商业化需要多长时间？您的绘图上近期内的某些内容是否会在以后激发新事物？或者，后来出现的事情是否需要提早推动才能真正发生？

- 后续趋势的自然规划时间框架是什么？这些是否适用于您规划的未来？如果适用，您需要多少时间来积累资源（例如足够的用户、材料或支持网络）以支持特定的趋势？

- 趋势或潜在的弱信号的扩散时间是在什么时候？在您的未来，一些微乎其微的事物会开始扩张或蔓延并促进更多趋势吗？

您可能想知道，在任何情况下，这个过程是否每次都会以相同的方式展开。答案为"否"。但更准确的回答是"视情况而定"。单独实践者绘制的趋势图或有同行参与时绘制的趋势图，与作为客户或参与者在研讨会练习部分绘制的趋势图之间存在差异。很多考虑因素都是相同的，但是在时间和通信上的限制却大相径庭。作为一个单独的实践者或处于一个团队中的同事，您可能有时间对趋势图进行更新。您可以与他们讨论绘图，细化趋势，检查重复，或者为某些异常值的概率或合理性进行争论。最关键的是，您可以暂时离开，然后带着清醒的思想回来重新审视这个图。

但是，如果您正在与客户或其他利益相关者一起构建一个趋势图，作为未来工作的一部分，您可能没有足够的时间考虑。一般来说，您会有一段时间作为一天或数天实践的一部分，您会要求参与者帮助您命名、分类和绘制每一个趋势。这也意味着您的分类法必须非常清晰：在一个真实的实践过程中，抽象或深奥的东西会增加工作的难度。绘制趋势图的过程的规则和目标必须让每个参与者都易于理解。否则，您将要花费大部分时间反复阐明实践目的。

致力于模式

并非所有的绘图练习都是由时间和/或不确定性直接驱动的。通常，我们从事与创新相关的项目，展望未来。比如说，5年后，我们更多地关注趋势和主要战略主题之间的模式和联系。这可以很好地与团队或客户合作，他们更习惯于归纳思维，并乐于结合趋势来探索重大问题。2014年，我们与硅谷的一家全球消费技术公司合作时，探讨了个人数据的未来。这个问题在当时并不是邻国公司关注的热门话题，但这位客户很有远见地与我们深入探讨了这个问题。

经过一个月或更长时间的广域天际线扫描和信号收集工作，

我们在客户的办公室里召开了一次研讨会，明确了意图是模式匹配，并寻找从定性研究阶段出现的有趣的碰撞和集群。总的来说，我们花了一天时间深入研究世界各地代表有趣信号的例子和表现形式，然后将它们组合成更大的主题，以帮助我们找到趣味性组织的框架，这些框架可以与未来的问题或需求相结合。这一过程的结果是一套推测性原型——不是一种产品或服务提案，而是帮助我们的客户更具体地思考这些未来问题的模型，并探索了这些需求应如何得到体现和解决。我们当时提出的大多数担忧，在今天成了技术和监管方面的突出问题，而且我们还看到市场上出现了与我们类似的一些投机挑衅行为的产品，这一点极具讽刺意味。

这里使用的意义构建方法之所以奏效，有以下两个原因。第一，我们有一个内心对不同定性分析和寻找创造性的组合颇感满意的客户。他们每天都会通过各种设计、探索来完成绘图工作。第二，他们习惯于在软数据形式和战略思维之间轻松切换。了解我们的客户并就我们的预期方法进行早期对话，意味着我们可以根据参与其中的人的灵活性感觉创建一个流程路径。其他组织文化处理这种方法可能没那么容易。努力设计最适合用户的未来练习，而不仅仅限于做一个供应商，这尤为关键。在这几年里，这项工作的成果已经站稳了脚跟，这在很大程度上归功于我们有能力在这个主题上花费大量的时间，而不是在管理过程中浪费时间。

对分析调查进行反思

在进入您未来生活的下一步之前，请花点时间回顾一下，想想您积累了多少。在这个阶段，您要考虑的关键问题应该集中于您的扫描和绘图是否"符合目的"上。未来不是一个完美的迭代过程，它的目的是产生一个广泛而有用的地图，在这个地图中，多种可以想象的未来可能是重叠的，而不应相互排斥，这一点怎么强调也不为过。基于许多未来的组合性质，就像您正在寻找一个地图，它允许您由不同的路径到达一个更好的未来。

鉴于此，请您回顾一下您的清单和地图，考虑一下它们的充足性，或者您是否已经确定或提出了足够的因素（趋势、驱动因素、事件）来为一个丰富的地图提供借鉴。基于您的目标，考虑：在地图上添加更多可能存在的推测性趋势是否有用？现在可信的可能性范围有多大？您的意图或文化是否为不寻常或"怪异荒诞"的思想留下了空间？鉴于当今世界的总体格局，考虑这些异常想法的能力正变得越来越有用，而不是越来越没用！

在接下来的步骤中，您可能会发现自己会在本书第5章和本节之间来回翻动，因为您考虑了构建新场景的最有用（也是最有趣）的框架。这样做一点问题都没有。这不应该被理解为一个弱点，而应该当作一个强化过程，可以为更强大的场景构建更好的路径。有鉴于此，花点时间绘制一个由时间+确定性构建的地图，以及确定性+影响形成的矩阵，让您可以选择评估对您更重要的内容：对未来可能走的不同道路进行高水平的战略评估，或自下而上，对可能发生在同一个广阔世界中的小场景进行初期观赏。当您继续阅读时，这种区别会变得更加清晰，但是像选择任何一组分析交流的工具时一样，也要花费时间考虑这些选项。

最后，在此阶段清楚记录个人或组织未来的发展前景，是尤为重要的。虽然我们的未来规划方法不太注重改变短期条件以实现一个固定的愿景，而是更多地关注适应性，并清楚地指出随着新的未来的出现，您更喜欢的个人或组织的未来可能是什么。但对于大多数组织来说，

> 清楚记录个人或组织未来的发展前景。

作为一个整体，它要牢记最初的目标未来并作为参考点，这很重要，然后再继续了解未来的可能性空间。

广角透视

2018年，美国媒体巨头康卡斯特（Comcast）的IP（互联网协议）视频工程和研究团队的领导者与我们联系，与我们讨论在至少未来10年内，通过类似互联网的网络传输视频的未来可能性。其目的不仅是为了更好地了解未来可能的场景，还将根据该场景的趋势向团队提出挑战。

这个名为维佩尔（VIPER）的组织位于美国宾夕法尼亚州费城，与康卡斯特总部分开，在美国科罗拉多州丹佛市作为一个创

业部门独立运作。尽管该项目的重点——互联网协议视频将在未来10~15年的时间范围内的发展狭窄，但随着我们考虑到该行业可能选择的方向、可能受到影响的其他行业和领域，以及全球变化最终会如何影响该项目等问题，该项目的趋势扫描和绘制在广度和深度上呈指数式增长。

您可以想想您在动态图像上花了多少时间。这是您获取新闻、参加会议、与家人联系、记录文化和学习新科目的一种方式。但在一个世纪以前，情况并非如此。1920年，电影拍摄在硝酸银胶片上，电影的所有的伴奏声音都由隐藏在电影院的管弦乐队里的音乐家演奏。在那时，移动图像可以立即可靠地出现在家庭、工作场所、学校、酒吧、体育馆和候车室（更不用说在手持设备上了）的想法简直就是科幻小说。但到了2020年，全球任何一位能够上网的观众都可以观看几乎任何一部电影，甚至可以开始制作和发行自己的电影。

这些变化并不是一下子发生的，也不会改变下一个世纪受众创作、消费和分享视频的方式。远远超出媒体和媒体技术领域的变化可以改变消费者的行为，而这些行为反过来又会影响媒体的创作和消费模式。受众对媒体的消费方式影响着我们如何安排起居室，如何与朋友相处，以及如何赚钱和花钱。这些习惯和模式也直接影响到创作者如何开发和发布内容。因此，我们为维佩尔项目绘制的趋势图不仅限于视频发布的互联网协议，还包括以下方面的趋势：

- 室内设计；

- 体验设计；

- 粉丝数量；

- 气候变化及其对生活环境的影响；

- 替代货币；

- 教育；

- 监管框架；

- 能源储备；

- 房地产开发。

这些趋势和互联网视频协议之间的联系对于未经训练的人来说可能并不明显。但只要您稍加想象，您就可以看到这种联系。例如，与大规模的、户外、集体体验相比，面向更全面的个性化家庭媒体环境的发展差异，会对长期工程和投资计划产生巨大影响。您可能会想象到，房地产开发商会希望与媒体公司合作，把整个城市连接起来，因此他们需要更好地了解是什么因素可能会引发某个方向的变化。这些趋势图可能一开始并不清楚，但随着时间的推移，它们会通过对广泛的趋势领域的反复探索而逐渐明朗。这就是场景的构建方式：渐进性递增累加。

玛德琳·阿什比

第5章

场景规划：结合模式和主题来讲述战略性故事

> 您认为因为您理解"一"，所以您就必须理解"二"，因为一加一等于二。但是您忘了您必须也得理解"加"。
>
> ——多尼拉·梅多斯（Donella Meadows）[1]

　　到目前为止，在这个过程中，您一直在收集信息，并认为这些信息可能在广泛地告诉您关于您的世界的问题。感知和扫描为您提供了一种比较系统的方法来收集来自您周围世界的信息——信号、证据、反证、表现、数据、验证。意义建构需要这些收集到的信号，并让您考虑它们是形成、继续还是重塑序列以构成趋势，或者趋势的组合指示出新的驱动因素。感知和意义建构为您提供了工作资料，从中您可以发现变化的模式或线索，

　　意义构建是一种分析方法——未来过程中的"软科学"。

并将这些路径的可能演变描绘为场景。

意义构建，虽然很大程度上为定性的，但也是一种分析方法——未来过程中的"软科学"。在这个阶段，您可能会转向更有创造性、更具解释性的思维方式，将通过扫描收集到的数据带入生活。这通过将地图上的趋势（短期快速变化）和驱动因素（缓慢人口变化）结合到一个可能的叙事线索网络中来实现。在这个网络中，您可以收集一些有趣的平台或主题，以考虑如何实现更加美好的未来。

 制定粗略的路线图

未来的地图中包含了许多故事和次要情节，所以现在是时候开始梳理这些模式和线索了——我们称之为主题——当我们从扫描转向绘图时，这些模式和线索会变得更加明显，并能从地图中寻找可能的趋势组合和更长期、更深层次的驱动因素，这些因素将为我们传递关键思想、特定未来的联系和冲突，并为我们提供一个舞台。在这个舞台上，我们可以用人、事和情境来填充故事，使它们在规模上更加清晰易辨。

在更广泛的战略预见领域中，至少有6种方法可以生成场景——有些方法很快，有些基于直觉，有些则相当复杂和严谨。

我们使用的方法是一个轻量级可访问的过程，我们通常将其称为"粗略的路线图"（不要与技术路线图混淆，那是一个查看技术开发时间表的更具技术性的过程）。这种方法适用于快速移动的未来练习，这些练习通常（但不总是）具有协作性。基于多年为客户进行加速练习的经验，我们逐渐形成了这一过程，以突出不一定代表整个世界但能考虑到其相关组成部分的新兴未来。这是一种快速移动的生成非独占场景（未来可能共存）的方法，它为我们将在本书第6章讨论的原型和人工制品的开发提供了平台。

制定路线图

本书第4章以建立您的初创路线图而告终。通过从清单到趋势图的移动变化，您可能已经开始看到一些有趣的序列和主题的出现。当然，由于主题、观点等的不同，所有的绘图都有所不同。在这里，为了说明一个通常情况下的视觉化思维过程，我们展示了一些在各种练习中反复看到的未来路线图的一般性原型。由信心所得的模式相对于由推测所得的模式，通过过渡将近期与远期联系起来的挑战，以及远期未来可能面临的分歧仍然相当一致（如图5.1）。

从您所绘制的图上可以看到，范围1的内容更为确定，短期内看起来可能相当熟悉，因为较为重要的驱动因素已经定位在该位置，包括有意义的技术、社会和文化趋势集合，以及不断发展的商业模式，其中还可能包含一些新出现的政治紧张局势。逻辑告诉您，在不久的将来，高度不确定的问题会越来越少——尽管有可能——您的情况可能也会有所不同。正如我们在本书第4章提到的康卡斯特例子中所讨论的那样，在范围1中确定各种各样的趋势和驱动因素非常重要。这里的这些趋势为图形其余部分设置了校准刻度。您的未来场景只会偏离范围1，所以在这里要把这些分歧固定下来。

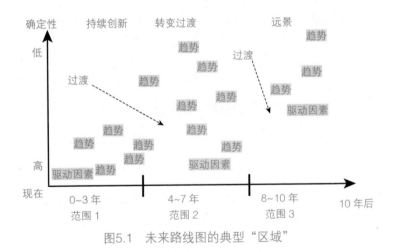

图5.1 未来路线图的典型"区域"

随着时间的推移，在范围2中，您可能会看到下一轮承诺的技术创新、政治重组、对近期变化的重要社会或文化反应、范围1中突发行为的成熟、经济上可能出现的一些破坏以及不断扩大的环境或健康挑战。范围2是不确定性真正出现的地方，边缘可能性开始浮出水面并具体化，暗示着不同的路径或一个分叉的变化，这些对您的范围问题可能很重要或很有用。根据问题的解决方式、分歧的扩大或缓解，或短期内过渡选择的形式来看，范围2通常包含更多而不是更少的紧张关系。在许多情况下，范围1被视为一个熟悉的故事——您所在行业目前正在撰写的故事——的延续，而范围2的过渡总是包含着一些悬念：对X的投资会有回报吗？您的目标人群会选择改变他们的工作、交易或生活方式吗？新方式或旧方式，哪个会赢？现有的转型会对市场或行业产生什么样的影响？范围2位于现在的恶魔（如果现在是天使，您为什么会在这里）与一个有远见的未来的深蓝大海之间，希望和危险总是潜伏在这里。

范围3经常表达我们对设想和利益最乐观或最悲观的预测。在没有明确的发展路线的情况下，范围3指向了非固定的目的地，或者充当了挑衅的停车场。地图的右上角——最不确定的且最遥远的未来——可能暗示着彻底的变革或严重的复合型破坏。这可能是在您时间轴上人为探索最少的一部分，因为它包含的实质性趋势或驱动因素较少，而更多的是推测性的"地下赌注"。请您关注一下范围3，因为在重新架构、限定、连接甚至消除范围1和范围2中的某些趋势，而为更富有成果的想法和线索生成更精致的锚点时，其余路线图的迭代、更改可能会对其产生影响。

识别驱动因素和趋势之间的有趣联系，您要后退一步，寻找有趣的联系或新兴的故事，当您在地图上看到这些相互关系时，

这些有趣的联系或新兴的故事会变得更加清晰。很可能在范围1
的时间表上更确定的部分已经存在一些熟悉的线索。您也可能看
到一些您已经感觉到正在进行的事情的片段。这很好，因为这表
明在初始阶段的天际线扫描和意义建构工作做得很好。这种认识
可能会促使您添加一些可能已从初始绘图清单中排除的附加趋势
（如图5.2）。现在也是时候考虑范围之间的过渡空间了，这可能
也需要一些附加联系。有没有其他一些您有理由相信但在最初的
研究中被忽略的趋势？有没有任何推测性联系可能会随着一个尚
未出现在地图上的连接趋势而变得清晰？

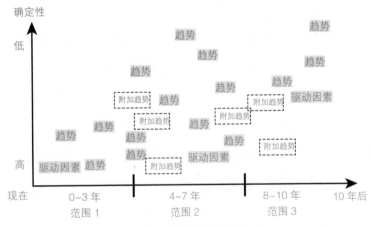

图5.2　用其他趋势填补空白

您也可以翻到本书第4章的结尾部分，更仔细地看看我们在那
里列出的一系列问题，以便开始填补任何叙述空白。记住，在添
加一些缺失的部分与用过度设计的叙述去"植入"一个受欢迎的

故事情节之间存在着一种平衡。您所调查的线索本身并不是一种预测或预报，而是一种建立假想未来图景的机会，它为探索和批判性质疑提供了一个平台。

考虑假设

当您开始构建关于未来的故事时，阐明您对未来——尤其是正在探索的未来——的总体假设，会对您大有裨益。对我们来说，未来最好在我们的假设得到明确承认的情况下进行的。否则，未来就很容易陷入框架、扫描、讲述故事和参与的方式之中，而这些方式对故事的叙述进行了不必要的扭曲，可能会让您在制定有效的场景方面出现问题。

我们都根据自己过去的经验对现在的运作方式进行了一定的假设，只要我们在过程中注意对这些假设提出质疑，那么这些假设就会成为很有用的知识（记住，在本书第3章中，我们讨论过泰特洛克和加德纳的观点，即最好的预测者都会不断学习和进行调整）。如果有时间且流程允许，您可以花点时间思考以下问题。

● 您或您的团队认为未来5年会是什么样子？未来10年呢？

● 您认为在这段时间内发生的主要变化是什么？

● 这些变化将在STEEP模式的哪些部分发生？各部门可能会发生哪些重大变化？

● 到底发生什么事情，才会让这种情况成为事实呢？

● 您必须做出什么改变才能避免这种情况发生？

●这些变化是否在不同的地方、不同的时间或以不同的速度发生？

●谁首先体验到这些变化的现实？

您可以在笔记本或白板上记录这些共同假设，以便以后参考。反思一下，在这张"地图"上，甚至是在之前的扫描和分析中，任何假设都发挥了多大的作用。如果您的叙述强烈地反映了上面列出的假设，可以花点时间考虑一下原因。您是否受到了一个或多个参与者的强烈影响？是数据让您得到这些结论的吗？在您视野范围内的观点得到良好传播了吗？

批判性自我反省和良好的反馈回路也很重要。如果您能确保它们获得与结果同等的关注，您的未来会更加美好。

您现在再回顾一下早期的草图，您可能会发现一些主题出现在近期更确定的区域。也许您可以将一个关键驱动因素和5~6个趋势联系起来（如图5.3），这些趋势表明您已经预期的在未来5年内会出现的一些事情——一个新的服务领域的持续发展或成熟，一个近期的创新逐渐占据主导地位，或者经济、政治或环境运动的扩展正在形成。您也可以看到不同故事情节的片段正在进一步聚合成形，但在图上目前的位置，其支持度较低。这也值得您注意，因为可能这是一个能继续更充分开发的主题线索。

提醒：每张地图都会有所不同！上述描述仅为各种假设，通常代表了这种方法的不同用途。

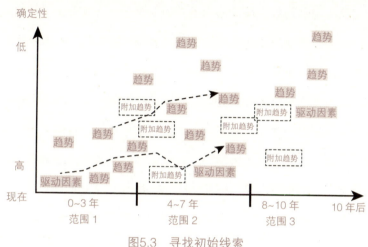

图5.3　寻找初始线索

填补空白的含义

如果您花几分钟回顾一下您的地图，您可能会发现在驱动因素和趋势之间还有一些差距和/或很大的差距。每张地图都有一些潜在的强大趋势，但通常很少有关于之后会发生什么的信息——趋势造成的变化会导致什么后果？填补空白的一个有用方法是发展含义——询问问题，比如"如果产生了趋势X，接下来会发生什么？"。

在这里您可以利用一个工具，这是未来工作的支柱。最初由杰罗姆·格伦（Jerome Glenn）于1971年开发的"影响轮"是任何类型的系统思维都不可或缺的工具，因为它提供了一种简单且相当直观的方法来帮助您探索可能的变化路径。从一个中心或最初的变化（一种趋势，被描述为条件的变化——这很重要）开始，人们只需想象新的变化如何发生的，就可以沿着几个看似合理的影响层次进行工作。从最初的趋势或变化开始，以一级影响为开端（如果X发生，这会产生哪些直接或初始影响），然后根据需要从一级影响转移到二级影响，直至探索出足够数量的有用的影响，可能由此转变为三级影响（如图5.4）。清晰明了地表达变化是这项工作的主要内容。您可以把本书第3章中描述的趋势命名方式当作一个指南，因为一些影响本身可能成为范围2或范围3中地图的新趋势。

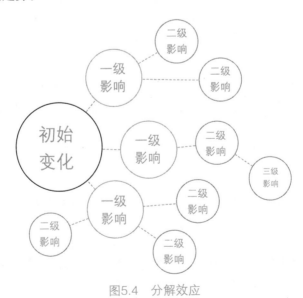

图5.4 分解效应

举个例子。假设您认为未来的大部分交通工具都是自动驾驶汽车，那产生的最根本的影响可能是人们不用再考取驾照。另一种可能的影响是由于更准确地驾驶而使得交通事故变少，还有一个可能是车辆保险发生了巨大变化。受每一级的影响或改变，下一级的影响或改变又会出现。人们不用考取驾照了吗？如果这样的话，更多的老年人或年轻人就可以"操作"一辆汽车了。交通事故数量的下降可能意味着巡逻的交警减少，而保险业的变化可能导致金融市场的整体重组。再一次地，随着每一轮的变化，又出现了新一轮变化。更多的老年人主动到不同城市旅游，警察经过再培训掌握了更多的技能，不同的赔偿制度出现，等等。通过练习，您可以感受到这种过程是如何流动的。在这个练习中，一个良好的起点有助于您接下来的步骤更加顺利、更清晰地结合在一起。

把STEEP模式重新纳入问题的考虑中也十分有用，以此来询问"可能会发生什么样的社会变化？""有必要进行哪些法律或监管变更？"等。这样您就不会过分关注某个领域或忽视其他可能性。

从图5.4中可以看出，我们喜欢将"轮子"向一侧倾斜，以便更好地表达影响如何随着时间的推移而产生。这是十分明确的，您可以使用这个工具来扩展和分析已经存在于您地图上的一些趋势。

作为练习，您可以选择2~4个能代表当前在地图的范围2或早期范围3中的重要变化的关键趋势（范围1也对此开放，但在这一过程中可能已经有更多的人参与其中了）。您可以单独或与由两三个同事组成的小组，将您选择的每个趋势定位为影响轮图上的中心变化。接下来，您或您的小组可以讨论一下这种趋势或变化的一级影响和二级影响。并思考一下这些影响都值得成为自己的趋势吗？如果值得，您可以把它们放在地图上的适当位置，进一步完善地图（如图5.5）。

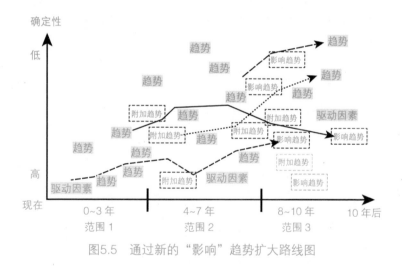

图5.5　通过新的"影响"趋势扩大路线图

有了一些额外的趋势，您可能就会发现一个或多个新的主题线索。除了范围1上的任何与成熟的创新或嵌入式变化相关的线索外，范围2中可能还有多条线索描述推测性的变化。也许其中一条线索是一个更为熟悉的、确定性的转变，但也可能有另一条线索——位于地图中不太确定的部分，描述了另一条路径，并表明了一个（或更多）更好的结果。此外，随着来自影响轮上的已经产生的新趋势，您可能会在时间轴上开始看到一些联系和进一步的发展。一张有20~30个趋势的优秀地图可能有5~6个相对清晰的主题，每一个主题都提供了一个故事情节的主干，或者一个未来的故事情节。这些故事情节会影响不同的群体，使用不同的技术（新兴的或停滞的），以及使用一到两个全新的未来叙事的可能性（如图5.6）。回顾我们在本书第4章描述的康卡斯特公司的项目，我们从具有35个趋势和驱动因素的地图中得出了5条丰富而有趣的线索。每一条线索都成了我们描述一个小小世界的战略故事的基础。

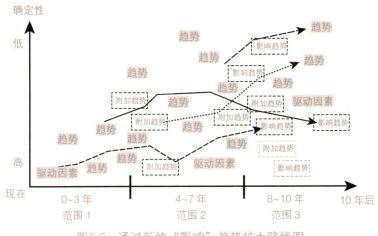

图5.6　通过新的"影响"趋势扩大路线图

例如，使用上面的地图作为替代能源的未来说明，您可能会看到类似于以下内容的线索。

- 线索1：新的法律和税收法规鼓励消费者采用更多的碳中和能源，如风能和太阳能等，直接和间接地为家庭供电。
- 线索2：在发电和储能创新的基础上，鼓励消费者开始将家庭与电网分离，并为能够实现半自给自足发电和储存的社区制定长期规划。
- 线索3：新的氢电池和藻类燃料的出现，使超本地化[1]发电强度更高，从而形成相互交易的完全独立的能源社区。
- 线索4：安全功率微反应堆技术的出现，创造了丰富稳定的本地能源发电新系统。

这些例子说明了在消费者和社区能源开发领域的几条演变线索。它们可能都发生在同一个未来，也可能被视为与现在不同的分支。每一条线索都将一些趋势和驱动因素联系在一起，以描述正在发生的变动或转变，其中的每一个都将对从能源经济、工作、监管，到家庭生活模式等的方方面面产生特殊的影响。每一个细节都可以独立地描述——不仅仅是技术，还有未来存在的人、互动、生活方式、产品和服务。有时候，这些线索可以组合

---

[1] 相对于本地化而言，可以理解为更加本地化。从传媒学角度看，可以理解为把本地的信息进行分类、整合，以达某种目的。从社会学角度看，企业或机构要立足于本地，支持本地事业，为本地发展提供服务。——编者注

起来讲述更大的故事，或者为探索提供更广阔的平台。这里的重
要成就是，首先通过确定和考虑驱动因素与趋势之间的关系，然
后通过产生的一些影响或暗示来深化路线图，您已经找到了一张
关于一个问题或主题的多种可能未来的地图，现在您可以通过进
一步的详细叙述来进行更深入的研究。

 ## 从故事情节到场景介绍

讲故事并不是未来的一种新的实践，这种实践的根源是现代
未来工作的起源。第一代未来主义者经过反复地试验后认识到，
他们关于热核冲突等问题的枯燥计算结果无法传达他们需要讲述
的紧迫的人类故事。因此，他们要寻找一种有说服力的方法，让
需要了解信息的决策者了解这些信息。就像今天的许多战略家和
分析师一样，第一代未来主义者面临着一个挑战：让其他人参与
到能够传达复杂的想法和因果关系的容易理解的故事中，并且这
些故事不会崩塌。这就是未来场景的开端。

各种各样的消息来源都与赫尔曼·卡恩（Herman Kahn）的故
事有关。赫尔曼·卡恩是20世纪五六十年代总部位于美国洛杉矶
的兰德公司（RAND Corporation）的战略规划的先驱，也是场景
开发的标志性人物，他与别人讨论了与同事交流工作成果时遇到

的问题。他与之交谈的其中一人是兰德公司的前编剧、杂志作家和顾问——利奥·罗斯滕。罗斯滕建议卡恩应该从好莱坞叙事方法中引用"场景"一词。卡恩认为，这个词是一个有用但又不引人注意的词。卡恩和安东尼·韦纳（Anthony Weiner）在1967年的一篇文章中写道："场景是试图详细描述一系列假设的事件，这些事件可能导致设想的情景合理地发生。"[2]通过对场景设置、充分的世界构建，以及在某些情况下受众可以认同的人物角色的使用，未来学的实践能够有效地从分析转向参与。

从我们的角度出发，我们将场景视为描绘未来的一部分或一部分的方法。考虑到它的实用性，场景应该是合理的，不能太离奇，以至于让人无法想象，或者让受众疏远到被拒绝的程度（请注意，对于组织当前的任务来说，"难以想象"不应成为拒绝的标准），或者过于牵强以至于完全可以被视为幻想。这给我们的实验留下了很大空间。考虑到未来练习的性质，场景应该包含一个您的听众会合理地接受的未来。场景并不是魔法，并不比其他任何未来工具更能预测未来。它们是基于公认的假设，对一个或大或小的世界可能如何展开的主观描述。这些假设越可靠或者考虑得越周到，场景就越有用。

当然，作为故事，有些场景可能会描绘出令人非常惊讶的、可能性非常小的或者非正统的未来，但当这些场景代表的是未来以及趋势和驱动因素的基本组成部分时，它们的效果最好，因为这些都可以想象以至于非常容易被记住。如果您想扩展合理性的定义（我们经常这样做），那么创造条件让您的合作者与您一起则十分重要：设定期望值，选择不同的团队，在团队中建立起信任，提供通往合理性边缘的可行途径以及选择良好的趋势构建模块。

如果纯粹性幻想、猜想或娱乐是您的目标，您希望建立更加非凡的世界，那么您仍然可以遵循本书列出的基本方法。然而，要知道，在对具体问题进行探索时，从参与者、客户和利益相关者那里获取支持必不可少。您希望他们愿意参与到您正在构建的未来中，这样他们就会和您在一起，并愿意更深入地探索各种可能性。

牵引线索朝前发展

在图5.6的例子中，我们描述了如何将一系列趋势（相关或不相关的）联系在一起，形成一个简短的标题叙述。当然，并不是所有趋势都能让这一切成为可能，但随着时间的推移和实践的发展，描述一个"世界"会变得更加容易。在这个世界里，这些趋势聚集在一起（或者说具有一致性），从而能提出一个新的故事情节。对叙述的描述为线索提供了"线框"（设计学中的一个术语，指的是一个物体的轮廓或骨架），这足以暗示形状和意义。如下文所述，我们通常只接触到少数几个趋势，而实践和经验已经提高了我们将这些趋势包装成通俗易懂的叙述的能力。

如果您在广告、品牌或设计策略领域工作，您可能已经熟悉了良好的场景应该足够详尽。

创造性的小插曲或虚构的用户故事，这些故事给人物角色增加了一些关键价值和属性。简单场景也有着同样的作用——它们提供了一种叙述，不同的趋势和力量可以在其中展开、移动、相互作用，并说明其相关性，同时也提供了一个可以有效地显现紧张关系的空间。需要描述的因素越多，场景可能需要的时间就越长，以便给这些因素留出活动和展示自己的空间。良好的场景应该足够详尽。细节过多会侵蚀整体观点的可信度，但细节太少又会给消费者留下一连串无法理解的假设。您可能已经描述了一些场景，这些场景勉强填满了一张索引卡，还有一些场景长得像一本书的目录。在考虑预期注意力跨度、创意方法开放程度，以及信息细节需求水平的同时，实践为您提供了一种在面对每种情况时的有用的感觉。

场景还应该让人们了解发生这些场景的世界的更广泛动态。这些场景可以传达出紧急、乐观、困难、和谐、不和谐或者其他可能成为趋势发展背景特征的属性。不过，请记住，这些场景并不是为了"推销"未来，而是为了让未来具有深度和可信度。您在这个阶段的角色并不是一个特定未来的倡导者。作为一个讲故事的人，您的职责是让那些没有进行过扫描、研究和意义建构的人了解您的一些关键见解和您探索的"一般情况"，同时与正在探索的范围问题的重要内容建立联系。大多数人不想读几百页的分析报告。一个精心设计的故事，以故事形式构建最突出的结论，可以成为一种沟通复杂未来的有效的、简单的方式。

这就引出了作为场景一部分的数据和证据的问题。对于没有经验的人来说，接受一个场景如同吞下一个虚构的故事。毕竟，在某种程度上，它们正是如此。在以证据为导向的当代文化中，场景面临着一个挑战，即要求在不包含任何未来"证据"的情况下被接受。在这里，依靠您自己以前的扫描和研究，结合更广泛的经验，可以为您提供可以利用的见解。

推测性设计师和未来主义者阿纳布·贾因（Anab Jain）谈到了她自己对这一挑战的看法："这些推测性的证据形式不仅来自数据的推断，而且来自弱信号、人种学观察和人们经历的故事。基于这个丰富的认知系统，我们创造了来自多种未来的'推测性证据'，人们可以看到、触摸、倾听，甚至感受到它。"[3]卡恩和维纳也写到了场景如何填补未来证据缺失的空白："它们可以被用作人造'案例历史'和'历史轶事'，以在一定程度上弥补实际例子的匮乏"——因为这些都还没有发生。[4]

一个足够详细的场景通常只有不到一页的内容。2017年，在我们与红十字会与红新月会国际联合会（简称红十字与红新月联会）的"现在就是未来"的项目合作中，我们编写了一些场景，为我们创造的一系列说明

> 一个足够详细的场景通常只有不到一页的内容。

性艺术品提供了背景，旨在传达这个组织及其合作伙伴在2030年动荡的世界中可能面临的挑战。以下是这个场景的核心内容。

由于气候变化造成的破坏持续增加——亚洲沿海地区的强风暴天气和洪水泛滥，地中海、马格里布和南部非洲的干旱加剧了冲突，南美洲的火灾——导致数十万人无家可归，生活无以为继。仅在2026年，就将有超过3500万人流离失所，需要援助。

由此，我们设计了一个新系统，以为流离失所者和被困者提供法律保护和援助，应对新出现的空前规模的危机，并处理出现的大规模援助和重新安置的需求。在联合国难民署将于2027年召开的一系列国际首脑会议上，23个国家会商定出一个名为迪纳摩（DyNaMo，动态的国家迁移）的框架，并将于2029年开始实施。

迪纳摩框架建立在爱沙尼亚和其他一些国家在2010年代开发的富有成效的长期电子公民计划的基础之上，这些计划允许合格的个人在另一个国家获得数字化的合法"公民身份"，尽管不是实际居住权。

建立迪纳摩伙伴关系的23个国家将同意各自增加1000到10000个合法的临时"公民身份"（最多120天），作为扩大本国法律和社会支持系统的一种方法，针对留在本国或临时安置在第三国的难民。迪纳摩旨在保护那些受到战争、自然灾害威胁或其他重大原因影响的非自愿重新安置的人。[5]

这一特定场景还伴随着一些额外的功能细节，但叙述的关键元素在这里得到了表达，即确定一个问题、一个行动、关于世界的相关细节以及一个解决方案。不是所有的场景都能表达一个解决方案，但在这个例子中，我们结束了故事中的"官方"活动。这些场景的受众关心的主要是这些事情发生的原因、与他们自身的挑战、战略思维的相关性，以及世界如何继续向前发展等。此场景及其同级场景创建于由3~4个趋势组成的小基础之上，每个趋势都来自红十字与红新月联会自己的天际线扫描与合成，再加上我们团队内部进行的一轮快速构思和案头研究，旨在创建和填充故事中的合理的元素。

这一场景本可以很容易地单独作为一个故事，聚焦于新出现的挑战，并仍然为红十字与红新月联会或类似的组织做出必要的战略选择。如果他们提出了正确的问题或者清晰地探索了特别尖锐的问题，那么快速但足够详细的故事可以在未来的过程中起到很大的作用。然而，如果更进一步的话，对场景进行描绘、制作或进行情节串联都可以显著地增加它的影响。我们将在本书第6章更详细地讨论场景叙述的风格和格式，讨论如何制作场景、原型和其他形式的未来参与。

组合场景：快速且（时而）激烈

我们的主要客户参与的一些场景包含了数千字的描述，偶尔会出现令人愉快的、模糊或细微的细节来帮助其增加合理性，但我们的大多数项目都依赖于更为求真务实的阐述。例如，对于一位政府客户，我们开发了一系列场景，这些场景着眼于海洋经济4种可能的未来，每一种场景都基于大量的第三方意见和分析以及数月的意义建构。这是一个巨大的综合性任务。为了对科学和经济政策的受众有用，我们开发的每个场景中都包含了大量的场景片段和较小的分支故事，展示了不同地理位置的各种趋势。全球海洋生态系统如此复杂，以至我们需要大量的信息来填充我们的。我们在最近的一个项目中采用了一种规模小得多的类似方法，该项目着眼于社区如何应对未来的紧急情况，在这个项目中，我们开发的每一种场景都利用了6种趋势和驱动因素，并混合了一些复杂的社区组织和一份从最近的头条新闻中提取的自然或人为危机的清单。

在某些情况下，您可能会被要求在这些项目的后期阶段支持其他人的工作。因此，即兴创作至关重要。这通常意味着只输入了一些信息：2~3个趋势、一个时间、一个地点，而您可能必须填写其余的信息。这是一个很好的锻炼大脑快速合成信息的练习。这就像练习一项运动技能，或者做即兴喜剧：做得越多，就越能快速、创造性地编织出一个有益的未来故事。我们会不断地发现，那些坚信自己缺乏任何技能或知识的团体或个人，很快就会对他们即兴创造的细节感到惊讶。人类的大脑非常善于快速处理我们刚刚看到的关于未来的复杂假设——计算未来物品的成本，它们可能来自何处，它们为什么可用或不可用……可能性是无穷的。

　　与任何新技能一样，练习会帮助您在有用的细节和故事之间找到正确的平衡。图5.7就像一个简单的画布，您可以使用它独自完成这个过程，也可以与同事一起练习。如果您有一个趋势清单或者由天际线扫描得到的材料，您和您的同事可以轮流处理一系列的趋势，选择一个时间范围，并起草一个简短的方案。别忘了给每个场景起一个好标题，以便简洁地对其进行总结。采取特别的步骤来考虑您的场景可能会给您、您的组织或一个虚构的实体带来挑战和机遇，这也将有助于您在富有成效的战略思维中进行实践。

　　作为附加步骤，您可以在线搜索场景示例。同样，一些组织也提供自己的趋势数据平台，以供受众购买或免费下载。这些列出关键趋势和驱动因素的报告，可以作为您收集材料并进行回顾和实践的良好起点。

1 驱动因素/趋势/事件：	3 变革与机遇：
2 场景叙述： 　描述一个场景———一个故事，比如，一个世界的情况，一天的生活，一个新闻报道……	

图 5.7　场景草图

把绘制图纸和讲述故事作为一种方法进行反思

在本书的前几章，您做了一些辛苦的工作。对于绝大多数读者来说，这种方法代表了一种非同寻常的思考世界的方式，也是一种非同寻常的思考知识和收集见解的方式。您可能觉得已经走了很长的路，从学习一系列工具和方法，到希望将未来作为一种行为来体现，这也正如本书开头所述。与学习任何新技能一样，这意味着您要从头开始重建词汇和理解能力。要让这些部分协同工作，并自然地做到这一点，您需要对其进行实践和应用，最重要的是在各种环境中——通过短期和长期的过程，独自或作为团队——探索大大小小的未来。

从历史角度看，开发场景发展和评估其战略重要性的这一阶段，以及您对相关知识的准备程度，本身就是一个目的。然而，探索未来的实践进行得更加深远。在本书接下来的几章中，您将学习考虑场景硬性构建的背景，并将其视为有形的物质性人工制品存在的世界或地点。这样的一些"事情"为您提供了一些处理方法，您可以使用这些方法把握特定的未来，并更加深入地探索它们。最重要的是，它们提供了一种创造性的方法，让其他人参与到协作性的意义创造和对新可能性的批判性考虑中，与他人分享可能的未来，以评估其价值和可取性，并识别看不到的影响和含义。所以，请您花点时间，深吸一口气，继续前进吧！

洞察未来的器具

大量的数据和分析并不总是讲述故事的最佳方式，即使它被设计得很漂亮。有时候受众想要一个有趣的故事。

作为散文形式的叙事，场景的效用在于其能够快速有效地激发受众的想象力，而不依赖于大量的特效或生产现实，否则会延迟新故事的快速迭代。

如同其他任何艺术作品一样，书面叙述为思考、对话和心理共鸣打开了大门。正是这个原因，加拿大研究员基思·奥特利（Keith Oatley）称小说为"大脑飞行模拟器"[6]。

我们自然而然地将自己置身于书面文字中：阅读的行为与镜像神经元有关，而镜像神经元负责认知心理学家所说的"心理理论"，通过这种机制，我们可以模仿他人的想法，并想象他们的观点来代替我们的观点。

当客户要求将书面叙述场景作为对象本身时，他们很少能意识到这一点。他们想要的只是一个能以特定方式吸引受众的好故事。事实上，这个故事可能只是一个更大项目的一部分。例如，2016年时，我曾被要求写一篇关于"未来处于发展初期阶段的智能城市"项目的文章。该项目的负责人告诉我，这个故事只有他们总公司的董事会成员才能读到：总共才6个人。为了激励我，客户提供了大量的研究报告，并与传统的前瞻性报告共享某些元素——客户角色、趋势图、近期和中远期评估。这份研究报告写得太好了，我不知道他们为什么还会要求我再写另外一个短评，更不用说是以故事的形式。

他们向我解释说，这份报告虽然看上去不错，但过于冗长。这份报告超过150页，对于一般的行政人员来说，阅读这份报告需要花费大量的时间和精力。董事会需要一份易于快速消化的读物，以某种方式将这份不适合员工日常阅读的质量报告浓缩成几千字的内容。"我们需要一些他们会在飞机上读到的东西，"他们告诉我，"我们需要一些我们知道他们一定会去看的东西。"故事是我们最古老的叙述之一。有时候，最适合工作的工具正是您可以使用的最简单的工具。在场景开发中，不让完美与优秀成为敌人对我们十分重要。说到底，叙事原型必须首先作为一种叙事，才能创造出一种有意义的参与行为。

玛德琳·阿什比

第6章

故事讲述和原型设计：为他人开辟途径，参与您的未来故事

> 在这样的现实结构中，我们必须通过树干切分法及构筑新现状的方式来获得自由，这些新的现状反过来又会塑造。
>
> —— 戴维·格雷伯（David Graeber）[1]

未来是一种性质独特的实践。它就好像为您提供了一套瑞士军刀，里面有一系列针对性工具，这些工具可以将错综复杂的事物切割成可以排序而且易于管理的部分，以解决棘手的问题。正如我们在上一章提到的"场景"，未来并不是一个解决问题或消除当前障碍的解决方案。即使您在未来能进行最敏锐、最灵活的练习，由于外部因素和文化或组织方面的无能为力您都无法接近或积极解决这些障碍，使得它们仍然顽固地存在。某些问题的棘手性将会始终阻碍从现在开始向前推进的正常努力。

我们一次又一次地遇到这样处理问题的机构，由于种种原因，它们不能（或不愿）接受种种转变、前景变化或可能对他们有利的行动。例如，一家大型媒体集团由于其行业长期以来的经济模式和成功标准而受到束缚，以至于其内部的政治活动压倒了技术创新；又如，一家跨洲的电信公司，它无法通过当今错综复杂的策略模式看到数据管理的未来；或者由于反应机制僵化，一个政府部门无法协助发展社区组织模式；等等。在上述每一个真实案例中，体验可能位于这些壁垒另一边的另类未来，对人们向前迈进大有裨益。您的组织还可以认识到转变的价值和没有预料到的即将到来的转换风险。从被动消费转变为对可能的未来的积极体验，有助于您以批判性的方式转变思维，引发关于种种"假设"的具体对话，并比演示文稿或大量引用的研究更有效地向更广泛的受众传达挑战。

通过人工制品——体验、物品、媒体和其他有形的形式——扩展精心设计场景的潜在力量是无限的。正如设计学教育家安东尼·邓恩（Anthony Dunne）和菲奥娜·雷比（Fiona Raby）在他们于2013年出版的《推测一切》（*Speculative Everything*）一书中总结的那样："场景，虚构需要受众把他们的怀疑抛之脑后，并充分发挥他们的想象力，暂时忘记事情现在的样子，去思考事情可能的样子。"[2]这种效应在娱乐环境和决策环境中的力量同样强大。未来的人工制品的影响远远超出了吸引受众的情感，因为它们能让潜在的新世界更充分地实现。

　　这种"展现另类未来"或"引入真实生活的未来"的实践具体化的可能性被未来主义者先驱和设计学教授斯图尔特·坎迪称为体验式未来。体验式未来有助于消除虚构式未来的隔阂，并将其与可能参与其中的人进行面对面的交流。[3] 用我们自己的话来说，人工制品为受众把握了未来，使受众不仅能够接触到一个物体、道具或媒体，而且可以通过使用该物体或媒体作为途径，了解和质疑其所代表的紧张关系和潜力。如果我们真的不能去一个特定的未来，我们也许可以通过代表性的人工制品开始更好地理解未来，就像我们通过娱乐活动或在博物馆里查看一件物品去接触过去的文化或文明一样。

　　与场景一样，对我们来说，关键是代表性的人工制品要接地气，不在幻想中，而在世俗中，在人们可以衡量的尺度上——尽管它们所探索的可能性对某些人来说似乎仍然存在于幻想之中。创造出看上去真实的、熟悉的未来物体，并将其置于一些场景中，可以缩短受众或消费者进一步怀疑或忽略它们的距离。这里人工制品的实用功效是以与参与其中的人联系的方式来传达一个场景，并使一系列趋势、驱动因素和推测性证据的抽象性变得足够真实，以至于我们开始关心人工制品或询问它们出现的原因，考虑它们提供的选择，并重新理解它们所代表的内容。

将未来物质化

　　就像场景是从好莱坞叙事中借来的框架一样，可能的未来原型（我们称之为这一阶段）将设计概念化作为一种快速构建某物模型的方法，以便通过身临其境的体验吸引其他人。我们在本书第1章描述了设计与前瞻性的融合，这为我们现在提供了一种语言和一种物质上的工作方式——无论物理形式还是数字形式，使这种实践变得富有表现力和创造性，同时也让受众清晰可辨。总的来说，很多人并没有看过或读过（或想看）一个场景报告，而是他们越来越多地熟悉各类广告，看过一段宣传视频，拆过一个新产品包装，阅读了说明书，或是参加过一个重要场合。这些经验和未来人工制品之间的区别在于，这些未来原型来自另一个时代。从技术上讲，人工制品是叙事空间的对象。它们就像电影中的道具，因为它们唤起了更广阔的世界——它们可以是任何能强化故事情节的东西，如侦探的笔记本、笔记本电脑的屏幕、报纸头条或宇航员的徽章等。

> 原型是"一种谜题，一种有很多话要说的东西，但我们要考虑它们的含义"。

　　设计小说的先驱者之一，近期未来实验室的朱利安·布莱克（Julian Bleecker）将原型描述为"一种谜题，一种有很多话要说的东西，但我们要考虑它们的含义"。布莱克进一步解释说，有效的未来原型是"图腾，通过这些可以讲述、想象或表达更为庞大的故事"。[4]

从场景到"事物"

首先，场景必须以适合其需求的方式进行扩展。要讲述整个世界的故事（如果场景如此之大）可能会异常困难（就像我们在本书第5章介绍的有关世界海洋问题的2000字的场景）。体验式未来层级图（如图6.1）是一种可以帮助您进行校准的工具。该层级图由斯图尔特·坎迪和未来主义者杰克·杜纳根（Jake Dunagan）开发，它有助于捕捉场景的规模级别，在这个级别上，一个人可以接近一个场景来表示场景的一部分。[5]层级图是一种可视化的和精细化参与人工制品的有用设备。这个过程就像感知和扫描、意义构建和场景开发一样，应该具有重复性。通过遍历不同层次，您可以对您想要代表的未来进行相应的微调。

选择原型情境

在体验式未来层级图中，我们可以想象场景本身包含多个"情境"或"情景"——特定的、可描述的部分。例如，如果我们把本书第5章提到的场景作为红十字与红新月联会关于未来移民危机的工作背景，我们脑海中会浮现出许多相关的情况：因自然灾害而被遗弃的家园，由一个熟悉的组织经营的庇护所或者是安

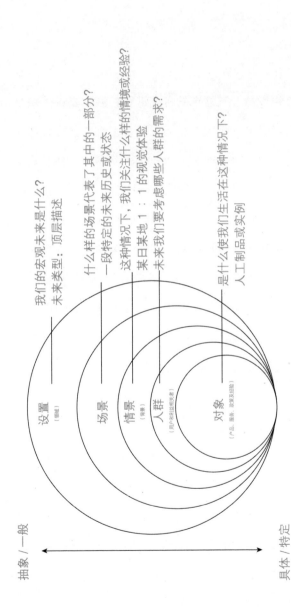

我们的宏观未来是什么？

未来类型：顶层描述

什么样的场景代表了其中的一部分？

一段特定的未来历史或状态

这种情况下，我们关注什么样的情境或经验？

某日某地 1：1 的视觉体验

未来我们要考虑哪些人群的需求？

是什么使我们生活在这种情况下？

人工制品或实例

设置
（领域）

场景

情景
（剧情）

人群
（用户和利益相关者）

对象
（产品、服务、政策及经验）

抽象 / 一般

具体 / 特定

图6.1 体验式未来层级图

资料来源：Adapted by Changeist from Candy, S and Dunagan, J (2017) Designing an experiential scenario: the people who

vanished, *Futures*, Vol 86, pp 136–53.

置临时公民的营地——在那里人们可能会得到援助。我们选择后者作为重点，因为它让人感觉非常具体，可以让我们看到不同的人有不同需求。在2015年，我们观察到去往欧洲寻求庇护的难民重新返回家园后，我们可以利用自己对这种情况的记忆，尽管这些记忆十分有限（将其作为种子加以利用）。我们选择了制作一个桌面原型，在这里模拟救援人员与流离失所者的见面，作为我们对这个推测世界的1∶1场景呈现。

情况可能没有那么戏剧化，也不需要有如此严重的利害关系，通常只勾勒出一个简单的互动。有人开始接受一项新的——但也许不寻常的——服务。在不久的将来，您可能会发现，在一家企业的会议室里，一群人聚集起来抗议最近发生的不公正事件；在您的新交通方式上找到一张停车罚单；媒体上出现宣布政策改变的新闻发布会……这种将一个熟悉的环境与一个新的正常体验或对象结合在一起的方式，被未来学家和设计师尼克·福斯特称之"未来平凡化"。[6]这些体验可以是一种引人入胜而强大的方式，可以实际探索一个新的未来，并消除人们的一些距离感或新奇感。在各种情况下进行试验对您非常有益，既有助于您确定受众更容易体验或了解的内容，也可以为您提供一种切实的、轻松的工作环境，同时还可以说明这个新未来带来的冲突、问题或权衡。

如果您觉得场景中的世界缺乏足够的深度来支持沉浸式的场

景，那么您可以回顾自己绘制的地图，考虑混合不同的线索，或者添加其他趋势，以帮助您扩展可能性的范围。通常，在我们更高层次的工作中，我们结合多条线索来实现这一点——增加世界的规模和深度，以适应我们需要的故事叙述和原型模型。与这里介绍的所有内容一样，有时间进行试验和反复试验十分有益，可以让您在使用这些工具时更加舒适和熟练。

为未来添加人员（或非人的物品）

最初的体验式未来层级图并没有把人作为未来现实的一部分，它主要是关于设置的问题。我们发现在这一阶段引入人物角色（松散地定义为围绕其发生动作的角色，不一定局限于人类）会十分有益，因为这有助于熟悉体验式设计过程以及与其很好地结合。复杂角色的发展并没有必要，但这可以帮助增加一个或几个人或"实体"，通过勾勒出他们的需要和愿望，加上任何必要的技能或智力水平而添加到情境中。最后一个要求不是对潜在角色的侮辱，而是暗示了在某些情况下未来现实可能包括非人类角色，比如，人工智能、物体或动物。不要无意中限制您的未来。

我们已经为未来的环境调整了不同的人物角色创建工具，增加了人物角色想要从未来得到什么（他们要达到什么目标）和什么将他们固定在现在或过去（什么使他们扎根）的考虑。这有助于想象人物角色中可能存在的紧张关系，或者可能出现冲突的地方，比如，对美好未来的渴望和文化认同之间的冲突。

我们也建议为一个地点开发多个人物角色——可能是特定情况下的典型人物角色，也可能是非典型人物角色或代表性不足的人物角色。比较每个角色对未来的需求。通常，代表性不足或非典型的角色在给定的未来情况下会有更有趣或更具挑战性的需求和期望，这是扩展您对未来可能性理解的另一种方式。

然而，关于人物角色有一点需要指出。不要使用那些能够无缝解决您的场景问题的角色，或者那些想要从您的世界得到某种东西的角色。他们不应该是理想的客户——事实上，恰恰相反。他们应该是挑战或改变您的推测性世界的实体，这样您才能更好地对其进行理解。

将情境作为故事板来呈现

故事板是可以帮助您更生动地想象情境的方法。故事板是一系列的瞬间或场景的草图，帮您显示您的情境下的行动，它多被动画师、编剧和导演使用。它们可以包含对话、描述或说明以及场景的粗略草图，以帮助您思考整个故事。您不必是一个专业的艺术家或作家，但故事板可以帮助您在6个简单的面板或小片段中排除一些交叉内容。

许多文具店出售故事板表格或笔记本，或者您可以在网上搜索一个可复制的模板，或者您可以自己画一个粗略的模板——

在一张纸上画两排三个格子，然后它就变成了景观视图。故事板是一个很好的方法，可以帮助您和您的团队想象您的故事里有什么，世界是什么样子的，以及人们是如何相互交谈的，等等。如果您打算制作一个短片或者在您的订婚计划中扮演某个角色，那么这个方法就必不可少。

借助物品引领各种场景走进生活

体验式未来层级图的最后一级包含了一些东西——未来的人工制品、界面、媒体和其他物质表现。人工制品最终承担起承载未来背景和复杂性的重任。它们可以是上面提到的处理方法，可以让别人知晓您的见解，激发他们想知道更多东西的欲望。如果您想分享未来过程中的一切，但需要通过有形的东西来表达（即使是数字化的），那会是什么呢？

> 人工制品最终承担起承载未来背景和复杂性的重任。

这里需要注意的是，虽然我们在设计中进行了一些实践，但这并不像在测试解决方案中那样是进行原型设计。在未来学中，人工制品是对未来情况最低限度的可行性表达，正如未来学家温迪·舒尔茨所说，它生活在一个包含"正面和反面"的场景中。

人工制品并非一种解决更大世界中存在的问题的方法。正如我们在其他地方所写的，在未来的语境中，我们应该考虑"对象是入口点，而不是终点"。[8]

也就是说，人工制品在构思上还有很大的余地。选择和定义将产生影响的人工制品是未来艺术最具创造性的方面之一。现在是您反思本书第2章提到的一些范围问题，并思考如何表示场景的复杂性以及如何接触不同受众的好时机。它们用什么隐喻？在自然环境中，什么是熟悉的物体和信息载体？您怎样能用熟悉的东西来表达不熟悉的东西？

在一个由近期未来实验室领导的影响力较大的项目中，我们的任务是探索大数据对文化的影响。由于人工制品项目最初在英国曼彻斯特和西班牙巴塞罗那两个城市开始，我们为这两个城市的受众选择了一个具有代表性的共同爱好——足球。为了吸引非专业受众，我们决定在4年后的一个星期三下午制作一份体育小报（如图6.2），上面刊登前一晚的比分和即将到来的一场重要比赛的预告。这为未来提供了一个很好的人工制品形式，可供我们探索和随后分发。[9]这两个城市的居民都熟悉这种格式，并乐于接受，毕竟阅读未来的故事和广告比听我们召开一个关于数据未来的研讨会要舒服（和有吸引力）得多。报纸形式为我们提供了一个完美的结构，让我们可以通过各种各样的文章和栏目——从头版新闻到小广告——来描述更为广阔的世界。

图6.2 "制胜法宝"项目预测报纸

资料来源：近期未来实验室（2014年）。

在不太复杂的工作中，我们创造了各种各样的东西，从带有操作手册、姓名标签和日志的未来身份识别工具包的说明，到经受长时间停电的市民制作的手工硬币、使用股票图像和易于使用的在线图形的公益广告海报，一个关于村民应对苏格兰赫布里底群岛海平面上升的简短视频，以及一个个人能源交易市场的家庭能源测量装置的简单

> 简单的原型也会产生相应的影响——如果基本的故事经过深思熟虑的推理和良好的讲述。

模型……所有的这些都是从一个车间欢迎工具包、一些股票图标和可打印的贴纸中发现的。赫布里底斯播客（听起来非常真实）是由一个免费的录音应用程序、免费的音乐，以及通过一个流行的任务来源应用程序找到朋友和进行在线语音的功能组合。即使没有充足的时间和丰富的资源来制作一个短视频或专业地印刷一本杂志，简单的原型也会产生相应的影响——如果基本的故事经过深思熟虑的推理和良好的讲述。

　　在专业课上，我们经常利用手头上的东西——饮料瓶、文具、办公用品、从商店或工艺品店购买的普通物品，甚至房间里的家具——即兴发挥。快速原型设计，即使在仅仅一个小时内，通常就可以产生一些有趣的关于未来挑衅事件的例子，从而推动类似时间长度的讨论和辩论。有足够的设计能力和预算来制作一个高保真的模型很好，但是同样的影响通常来自一些深思熟虑的角色扮演、实体原型、一些巧妙的音效或找到的视频。

　　在图6.3中，我们开发了一个简单的模板或画布，用于将扫描输入的信息传输到场景中。包括表达趋势或驱动因素的顶层含义

的空间，描述场景、插入人物角色并探索其需求的地方，以及描绘或描述产品或服务的人工制品的空间。这个画布您可以与您的同事一起使用，作为重新创作创意的研讨会。当然，您可以在这个描述中添加更多的东西，包括体验或者媒体，并作为人工制品。

未来景观中的日常物品

我们拥有一个不断延长的平凡物品和媒体的清单，可以将其作为一个简单的人工制品的灵感，以传达场景中的不同之处。清单中的大多数内容都可以用笔记本电脑或平板电脑上的工具进行原型设计。下面是清单上的一些内容：

- 注册表；
- 用户指南；
- 公共服务视频或广告；
- 申请表；
- 事故报告；
- 开箱视频；
- 维基百科条目；
- "出售"通知或网上公告栏；
- 登机牌；
- 使用手册；
- 新闻稿；

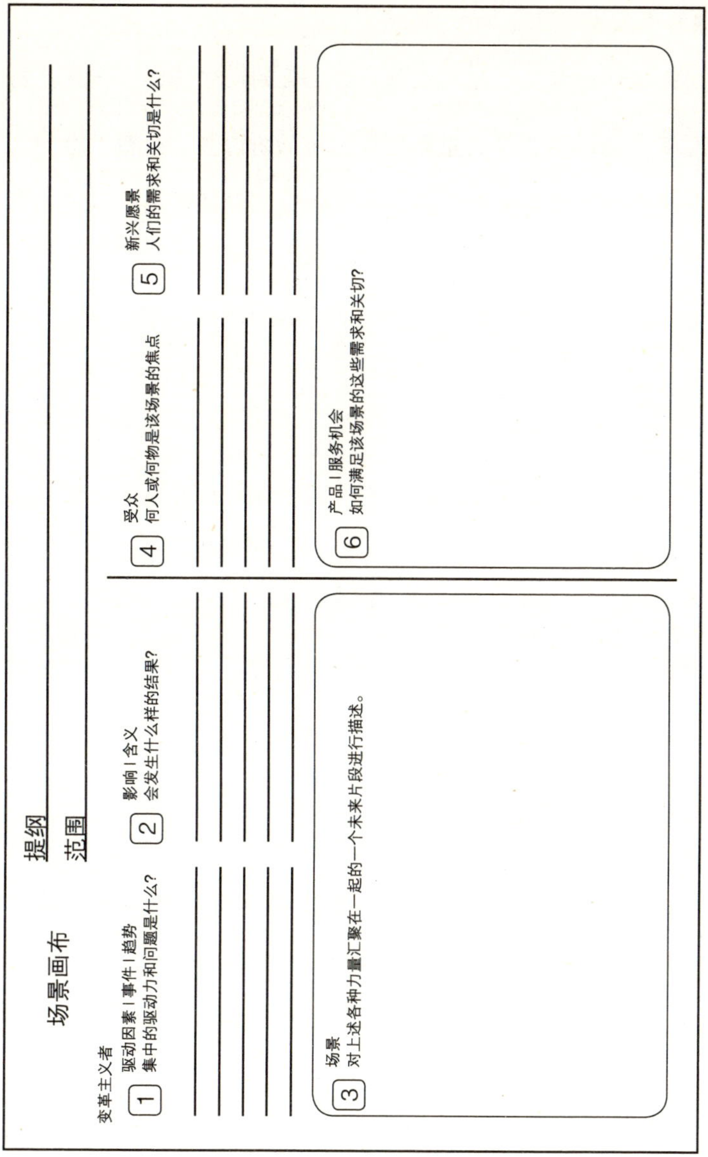

场景画布

变革主义者

提纲
范围

1 驱动因素 | 事件 | 趋势
集中的驱动力和问题是什么？

2 影响 | 含义
会发生什么样的结果？

3 场景
对上述各种力量汇聚在一起的一个未来片段进行描述。

4 受众
何人或何物是该场景的焦点

5 新兴愿景
人们的需求和关切是什么？

6 产品 | 服务机会
如何满足该场景的这些需求和关切？

图6.3 由场景到人工制品的画布

●简历或领英网站上的个人资料。

上面这些内容几乎是我们每天都会遇到的东西，大多数人对它们都很熟悉。这些事情中的任何一个都能适用于您的未来吗？这些故事的关键要素可以传达给另一个人吗？您可以拿着这个清单并根据自己的情况往里添加内容，看看您日常生活的基本组成部分，想象一下哪些可以被进行修改来讲述未来的故事。

把素材资料填充到情境中去

一旦您和您的同事收集了一批可能的人工制品（甚至是在您做出决定之前），您要考虑一下这些东西可能会聚集在一起的情况。展示人工制品的一种方式是把它置于一个来自日常生活的集体环境中，并且要考虑以下问题：这些物品或体验是否都能在不久的将来为您的行业举办一次贸易展览？它们能成为电视节目中的宣传品吗？它们都是您在医生办公室或商店里能找到的东西吗？吸引其他人的一个有趣的方法是找到一个你们共同的文化环境，在那里，人工制品就可以舒服地放在一起。我们使用了多种多样的场景，例如，有多个演讲者的新闻发布会、硅谷式的创新展示会、市场或跳蚤市场，在某人的智能手机上快速拍摄的"面对镜头"的公益广告，以及包含多个专题报道的新闻节目。坎迪的"时光机器或逆向考古学"概念就是一个很好的框架活动。[10]近年来，我们看到的人工制品"房屋"的其他巧妙构造包括：在自

动售货机中放置人造物品，用同样的物品经营一家典当行（均来
自设计组外包工厂），[11]并以假乱真，仿造了一个未来的空中飞行
菜单，里面充满了不寻常的人工制品的图像（来自不久的将来的
实验室）。[12]

如果您正在大规模地或者定期地开展这些未来活动，那么
选择一个您的同事熟悉且容易理解的文化框架是很有用的，它可
以作为一种构建您的人工制品的方式，以实现更广泛的参与。不
过，请记住，您可以提供一个回到您见解的方法——如果有人对
您的未来市场中的某个对象或者您在电影节上的一段短片感兴
趣，他们也会想知道背后的故事：场景、趋势和驱动因素，以及
您开始时提出的问题或挑战。抓住这些机会，向更广泛的受众推
销您的未来产品，并让他们逐渐参与进来。

用大脑填补未来的空白

当您试图与未来沟通时，您可能会觉得有必要与您最喜爱的
科幻电影或者电视节目的天才制作者比肩。不要这样做。当您设
计未来原型时，越少越好。

我们将这种称为"有损未来"，它来自音频工程术语。声音
产生中的有损压缩在一定程度上是因为人脑的一种独特特性。即
使我们的耳朵听不到全频谱的声音或者眼睛看不到图像上的每一
个像素，但我们基本上都能填补空白。同理，我们不需要知道整

个故事，也不需要别人为我们描绘故事——这样做要么让我们负担过重，要么限制我们以自己能理解的方式定位故事的能力。我们能够填补场景中未说出口的空白和直觉部分，[13]我们在看电影时，或者看书时都会这么做。

记住，您是出于好奇、为了参与其中、进行辩论而设计了这些场景，省略一些事情或者调高或者调低强调的刻度盘都十分有效。想想您对未来的旅程想要表达什么，您想挑战或者改变哪些先入之见，或者您想颠覆哪些已经接受的现实。专注于传达未来有趣或有用的部分，让您的听众尽其所能地来完成这幅图画。

习惯未来

我们发现，当人们不习惯于在未来的环境中思考、讨论或即兴演示时，有一个练习对我们很有帮助，我们将其称之为"这个东西是什么？"。在这个练习中，我们把人们配对，给他们一个手提包——里面通常装满了奇奇怪怪的却对未来有启发性的物品，这些物品都是从这样的一些地方收集来的，比如，宜家（如果您害怕在这样的地方购物，这将会是一种很好的消遣方式）、玩具店（有橡皮泥和其他奇怪物品）、艺术和办公用品商店、五金店、文具店等。一件物品越不细致，越容易让人产生联想，效果也就越好：空的培养皿、试管、铝箔包装等都能创造类似的奇迹。然后，我们可以在卡片上写下一系列年份，从不久的将来到遥远的未来，再加上一系列相关的角色或职业。

每一对参与者随机选择一个对象（我们更希望他们选择不可见的对象），同时也选择一年的期限和一个角色，并有3分钟时间就以下内容达成一致：对象是什么，其用途或目的是什么？

● 它从哪里来，或者将来可以从哪里获得？

● 以相关货币计算，这个物品未来的成本是多少？

我们的搭档必须迅速地走到房间的前面，（可能以用户、所有者、销售人员或分销商的恰当角色）推销或解释他们的目标并迅速回答其他人的问题。然后，混合对象、年份和角色并重复几个回合，有助于放松参与者的大脑，让场景开发发挥作用，并激发他们的一些幽默想法。即使在这场快速的即兴表演中，参与者也在对社会、技术、经济、法规、法律等做出某些判断。可以在练习结束时指出这一点，并选择一些好的例子进行分析，让团队相信未来的力量正在发挥作用，并且他们能够在手头工具或数据点集很少的情况下，构思出一个关于未来的有趣、紧凑而有用的故事。这种游戏还有一些变体，例如，未来酒吧测验，即使用对未来设定问题的虚构回答，也可以达到类似效果。

 ## 关于伦理道德的话题

从想象的未来中编造经验有时会面临伦理困境的问题：这些

经验如何呈现以及这些经验主张什么。这些做法通常会走道德路线，或者只是为了提出一个更大的政治或哲学观点而跨过道德界限。通过人工制品来构建未来的原型也可能会进入困难的领域，特别是在问题和影响都很人性化的地方———些最好的未来工作会把人们推到一个令人不安的地方。背景和环境极其重要。在一场关于未来的展览中，一个署名清晰、易被人发现的人工制品可能会被视为一种推测，而同样一个放在药店货架上需要公众寻找的人工制品，可能就不会被视为一种推测了。

在未来，为博物馆创作的人工制品中，对某个品牌的评论可能是艺术，但在报纸的版面上没有标注的同样的评论却可能具有诽谤性。如果有人在遇到惊心动魄的推测性创新时向您交出名片并提供资金支持，或者有人向虚构的社会工作者提供个人故事，所有这些都会造成必须小心监督道德底线的情况。这包括考虑如何以及何时标示或披露经验的真实性质，如何引导进入微妙领域的互动，以及何时保持至关重要的怀疑。有时这种怀疑可能是这种实践的超级力量。

经过专业的训练，这些实践有能力激发创新思维，挑战各种想法，并可能引导意义非凡的行动。因此，您在使用时一定要谨慎。就像在感知和扫描领域一样，这些实践如今存在于一个信息景观复杂的世界里，而现实情况并不能总是被很好地标记出来。虚假新闻比比皆是，诚信行为必须要得到慎重考虑。正如未来学家杰克·杜纳根在2019年初的一次在线讨论中所说："……用一种天真的方式使用未来的设计小说和人工制品变得越来越困难。但这是我们的战区，我们必须对它进行调整。"[14]

创造引起受众共鸣的人工制品

创建和开发场景只是过程的一部分，而传达场景的世界完全是另一个命题。"了解您的受众"在这里意味着一些特别的东西，因为您的目标受众可能不熟悉未来的过程和在这个过程中产生的东西。因此，您要尽可能地根据当前的环境调整已完成的场景的形式和内容，这一点尤为重要。一个场景成功与否并不取决于它的准确性，而取决于它的受众是否能理解，是否能认真对待，是否能够深度参与其中。如果没有最初的刺激因素，那么即使是一种具有惊人的先见之明的场景仍旧毫无生气。

所以，这是什么意思呢？首先，这意味着您要了解谁将使用这些场景。在给他们讲故事之前，您必须了解他们的故事，从中您可能会得知一段您不知道的历史，或者一个新出现的相关问题。然后，了解您的受众的日常生活：他们经常与哪些文本内容和物质文化互动？什么样的经历会让他们觉得熟悉？

例如，在我们与康卡斯特合作的期间，我们花了一些时间与客户团队的成员谈论他们自己的媒体消费习惯，以了解他们如何看待媒体环境与他们自己工作之间的关系。我们听了团队成员在媒体消费方面的差异和变化，以及他们为工作而阅读的内容。这些对话的内容帮助我们设计了未来的场景和人工制品，一定程度上唤起我们与之相关的体验，同时也将他们的关注点从当代现实中转移开来。

我们选择了一个团队能够立即从他们的生活中识别出来的模式：一个节目的粉丝评论，一个具有新情节的节目脚本，一篇关于行业监管的新闻文章，一个沉浸式游戏手册的一部分，以及一个新房地产开发的董事会会议记录。然后，我们为这些模式开发并编写了内容，这些模式对于康卡斯特公司感兴趣的时间范围意义非凡。我们故意把这些场景设置成小点心一般大小，这样就能在会议或其他干扰物之间迅速吸引大家的注意力。为了让团队具体了解这些场景在现实生活中的表现，我们选择了收集所有场景以及生动的标题插图，就好像它们是在网飞公司或葫芦网（Hulu，美国视频网站）等流式媒体电视服务上观看的节目一样。每个场景都有自己的配色方案和品牌，能让人从拥挤的房间里很快辨认出来，并为展开的对话创造了一个视觉速记。这意味着，在您不了解项目的情况下，您可以向某人展示一组场景，并且仍然能够感觉到正在讨论的可能性。

这并不是说惊喜的元素没有价值。在某些情况下，这正是我们所需要的。一些受众希望或需要一段处于自己现实生活之外的时间，或是可以将自己置于一个完全沉浸的状态中。2018年，应英国国防科学与技术实验室的要求，我们为其设计了一个场景、人工制品，并提出了相关问题，以为其提供一种来自外部的挑战——一个真正的黑匣子，其中包含了一种在世界上意外出现的未被描述的"创新"。作为一个有待解决的难题，作为对本组织未来风险意识的一种刺激，这项工作本身就需要"陌生感"。这意味着您要做一些详细的研究，既要了解组织的需求，又要获得受众适当的信任。这就是为什么，在所有情况下，在您设计、开发人工制品的形式和内容之前，您自己要先外出搜集资料，这一点也尤为重要，如此您才能更好地定位受众体验。

玛德琳·阿什比

第7章

效能评估：监控和衡量方法适用性的工具

> 我们大多数人在生活中，都不会去质疑我们的决策过程
> 是否符合目标。这一点我们需要改变，尤其在利害攸关、决
> 策真实的情况下。
>
> ——诺雷娜·赫兹（Noreena Hertz）[1]

在这个阶段，您已经创造了一些东西，甚至可能是一系列的东西。您的感知、扫描、绘图和探索已经让您对可能的未来有了初步的了解，这可能有助于您更好地理解在一开始就提出的范畴界定问题。从所有这些信息中，您把未来的叙述勾勒在一起——您在其中添加了一些细节，有足够的篇幅和内容来对其进一步探索。也许，通过这个场景，您已经从多个角度考虑了影响和启示——您自己、您的想法、您的组织或任务。作为与其他人分享和测试这些假设的一种方式，您创建了一个或多个人工制品，以某种方式代表了场景及其未来，从而吸引了其他人并引发了对

话。这就是应该如何走向未来。

采取这些具有挑战性的步骤，既不能使我们朝着通过综合而衍生的想象未来而努力，也不能为如何实现特定未来提供一套指导方法。收集新知识、合作拼凑可能的未来、编造故事和分享未来的经验都是有益的活动，但这并不是过程的最终目的。我们需要探索一个特定的未来，或者一系列的未来，是否以及如何产生一个更好的结果，或者，同样重要的是，如果可能的话，我们在这个过程中尽可能需要避免什么。我们想知道未来不同场景下的特定风险或机遇，以及是否应进一步挖掘这些风险或机遇，以实现价值和避免风险，或将其视为潜在危险。探索未来的意义在于您能更好地理解如何从现在开始。

从表面上看，这是一个深层次的问题，所以我们可以把它分成两个问题来讨论：

- 特定的场景、人工制品或未来练习告诉您您的立场是什么，或者您应该如何在当前的情况或挑战中继续前进。
- 这项练习的一般经验表明您对未来的总体看法是什么。

本章将依次讨论这些问题，并为您提供考虑这些问题的方法。

评估具体影响

　　为了评估您的场景中出现的影响，我们创建了一种着眼于组织或团队的5个"层级"的方法，该方法从中心向外展开大致为：人才、知识、工具、规则和网络。反过来，我们根据一个给定场景所呈现的机会和风险来对这些层级进行定义，也许是场景自己的叙述，也许是一个人工制品或经验的展示。即使不涉及太多细节或任何特定的度量，这些都是组织中相当简单的概念部分，可以扩展到涵盖各种类型，也可以替换或重命名层级以更好地适应您自己的情境。

　　作为一个练习，您可以独立进行，也可以与一组同事一起，根据表7.1中的提示进行思考和讨论您对特定场景的理解。

　　根据环境或场景的不同，这些层级的具体定义可能会有很大的不同，可能需要您更加深入地挖掘具体含义。一个简单的方法是进行一个基本的差距分析：简单地问自己或自己的团队"我们有什么？"和"我们需要什么？"。如果您需要某样东西，您可以衡量出这样东西的成本或影响。如果您只针对一个场景提出这些问题，那么针对您开发的其他场景重复此练习可以让您感觉到，对于您或您的业务，哪些可能的未来轨迹可能更可行、更经济或者更可取。

表7.1　场景准备情况表

层级	高级问题	更深层次探究
人才	您需要什么样的人才或技能才能最大限度地利用这种场景或将其带来的风险降至最低？	这些人力资源目前是否可用？ 这些人员是否需要经过专门的培训或搜寻？ 您是否要对所需的技能进行培训和支持？ 或者这些资源是否有待开发？
知识	这种场景下需要什么样的信息、数据、见解或经验？	是否存在开发或获取该知识的方法？ 是否需要新流程、战略方法或伙伴关系？ 收集或维护这些信息是否合法和合乎道德？ 这些信息是否可以从内部开发或必须从其他地方收集而来？
工具	这种场景需要哪些技术、流程、平台或其他类型的工具？	这些工具是否存在？ 如果不存在，是否要开发或获取这些工具？ 使用这些工具是否需要专业技能？ 必要平台的经济情况如何？ 这些工具或平台是开放的还是关闭的？
规则	这种场景需要哪些条例、法规、法则或其他指导框架？	目前哪些机构负责监督或制定所需的规章制度？ 如何对其产生影响？ 制定规则有什么相关的流程？ 不遵守规则要付出什么样的代价？
网络	这种场景需要什么样的伙伴关系、生态系统或联盟？	这些网络是开放的还是封闭的？ 这些网络体现了什么样的权衡取舍？ 需要什么资源来维持这些网络的运行？ 不形成和/或维持这些网络的成本是多少？

资料来源：Changeist 2019.

　　当然，您的场景展开的时间越久，衡量或评估什么是成功的要素就越困难，更不用说达到成功所需要的条件了，但这些问题为您提供了一种合理的结构化方式，使您可以提出高质量的问题，指出假设的优势和劣势，并在面临特定机遇或挑战时开始对资产和负债进行分类。正如我们在本书第5章所描述的那样，通过构建足够的未来的"线框"，您应该有足够的图像来衡量，或者至少您要有一个问题列表，列出一系列需要更多信息才能更彻底地解决的问题。即使是为准备程度或影响程度设置的基本数字评级——无论您如何选择定义这些评级——也可以作为一个有用的起点，其作用方式类似于本书第4章描述的小组不确定性评级。

　　为了简化这个练习，我们创建了如表7.2所示的工作表。它为您提供了一个空间，来帮助您考虑目前所拥有的和每一个层级可能需要的内容，并提供空间来简要描述场景对每一个层级的具体影响，并且它还有一个准备等级栏来评价您对每一个层级的准备情况。

　　您和您的团队可能希望为您开发的每个场景协作完成一个工作表，并就每个类别和度量进行公开讨论或辩论。如果您将其作为一个开放性的讨论，那您一定要花时间为您自己的文化或环境定义价值观或概念。或者，您可以单独完成一轮，然后比较评估结果，以便更好地了解您作为一个团队成员时的不同假设和观点。

表7.2 场景准备情况画布

场景：

时间范围：

	人员 这种场景需要什么样的人才和技能?	知识 这种场景需要什么样的信息、数据、见解或经验?	工具 这种场景要要哪些技术、流程、平台或其他工具?	规则 这种场景需要哪些法规、法则或其他指导框架?	网络 这种场景需要什么样的伙伴关系、生态系统或联盟?
具备条件 组织已经有什么可以适应这种情况?					
需求 在这个场景中，组织在哪些地方存在需求差距?					
对组织的影响 这种情况对组织主要有哪方面的影响?					
准备等级 在这个类别中，组织对这种情况准备得如何？（1=未准备好，5=准备充分）	1 2 3 4 5	1 2 3 4 5	1 2 3 4 5	1 2 3 4 5	1 2 3 4 5

请您考虑以下这些更大的问题：

- 我们距离为未来推出合适的产品或服务还有多远，或者我们是否能够首先与满足这一需求的其他人建立联系？

- 如果这是一种有重大影响的潜在情况（积极或消极），原因是什么？

- 如果我们没有准备好应对这种情况或类似情况，会产生怎样的更大战略影响？

- 现在是否有人、合作伙伴或资源可以开始帮助我们应对这种情况，或者正在为之做更好的准备？

- 在我们进入未来的过程中，是否有一些问题需要我们跟踪，从而使我们有一个更全面、更集中的观点？

当您和您的团队考虑一系列不同的场景或未来时，无论您推进的是哪种类型的未来，这个练习很可能会揭示出您或您的团队中一些一致的优势和劣势。这种类型的评估是揭示对您有利的因素的一种方式，能帮您揭示已经拥有的重要知识资源和可以建立弹性的联系，以及指出可能需要改进的领域。这是一个起点，从这里您可以开始考虑更广泛的战略选择，并确定所需的人力、资源和关系投资，以使您走向更美好的未来。

一个关于语言和交流的词

自我评估也可能有助于您认识到存在的差距，不仅是在资源准备方面，而且是在语言方面，更具体地说，是在交流方面。当您考虑未来的规章制度时，您可能会意识到，目前还没有描述所需内容的恰当术语。同样，您也无法为没有恰当说明的人员或技能做广告。或者您可能会感觉到有必要开始向您的合作伙伴发出信号，或者直接与他们讨论那些尚未出现的情况或风险。

同样，您可能有一些客户、成员、用户、合作伙伴或参与者尚未意识到前方的某些问题或挑战，这些问题或挑战需要解决，以帮助他们实现其对更美好的未来的愿景。

这是一个很好的时机，您可以开始考虑将长期沟通作为未来战略的必要前奏。您可能需要在一个问题出现之前，就开始建立您的人际关系网，为对话做好准备，并为您考虑的未来建立一个基础。在处理意料之外的未来时，我们所面临的打击和破坏，一部分是因为过时的定义，缺乏有用的语言，或者是由于突然出现的意想不到的问题而造成的文化混乱。

花点时间想想您将如何谈论各式各样的未来，可以写一篇模拟的新闻稿、内部公告或社交帖子，以训练自己解释不寻常或紧急的问题或情况的能力。您也可以进行内部调查，寻找最适合这些新情况、新角色或新需求的词汇和短语，并为如何应对新的情况写一张虚构的提示单，或者写一篇招聘启事，寻找有能力应对这种新变化的人。这些和

> 花点时间想想您将如何谈论各式各样的未来。

其他的"预感"对在意外的未来到来之前的轻松沟通很有帮助。

找到适用于大多数情况的最佳方法

从早期开始，无论是在防务准备、政府政策还是重大工业战略方面，更复杂的前瞻性实践就被设计用来强调测试系统，以揭示其不足之处，并对测试系统的优势和劣势形成更清晰的看法。这些情景中的利害关系往往被视为事关生死：在察觉到动荡的情况下，预见并解决安全、经济或社会政策方面的问题。

如今，我们在全球所有不同的行业面临的一系列全球性转型中，都预示着类似的动荡。

为此，早期的场景规划者发展了"风洞效应"实践，以评估在特定场景下的假设条件和挑战下策略的适应性。这通常采取的形式是针对3~4个不同场景的假设条件测试单个策略或其中的组成部分。您可以把这看作是在问："在一个A情况和B情况同时发生的世界里，我目前的计划应如何运作？"同样的，在一个A情况和C情况同时发生的世界里会如何呢？如果您要更深入地研究，可以看看给定情境中的哪些动态或元素会优化或威胁特定的策略。

这种传统的方法更适合未来的大局，在复杂的场景规划中也能很好地发挥作用。在复杂的场景规划中，专家们会深入研究他们模型中的更为详细的敏感性，着眼于宏观条件或广泛影响下的战略适应性。

衡量与未来的距离

到目前为止，对于一些工具或情况，我们已经描述了对其赋值或度量的基本方法——您可以称之为"足够好"的衡量标准，以适应将一个事物与另一个事物进行比较或度量的基本目的。在试图将未来切割成足够小的碎片以便清晰地掌握和操纵的早期阶段，这些衡量标准可能很有用。

当涉及更具体的问题来理解您在朝着一个特定的未来前进的时候，事情就变得尤为困难了。正如我们在早期职业生涯中所了解到的那样，比起衡量有历史的东西的进展时，为尚未存在的技术和服务建立定量预测要容易得多——衡量标准和基准更清晰，或者更容易获取。如果有可供判断的历史记录，或者根据多年的历史数据来衡量生产率，我们大体上可以达成共识。

与语言和交流一样，当问题出现时，跟踪可能的未来的速度和进展就更加困难，这些问题很可能十分新颖或前所未有，而且问题或者挑战出现的时间也无法确定。解决这个问题的一种方法是尝试为特征建立粗略的度量，例如，变化率和隐藏趋势的成熟度，通过观察这些趋势的总体变化，可以让您清晰地看到一幅更大的场景出现的速度。

长远性指标和推测性指标

在基于绩效的文化中，标准可以主导战略行动和投资方面的考虑。基准和最佳实践比比皆是，关键绩效指标（其缩写形式KPI更容易为人所知）随处可见，比如，在企业、政府、非营利组织以及越来越多的学术领域。

衡量本身并不是什么新鲜事，它是一种报告业务范围和公司进展或相对健康和财富的方法。自19世纪或更早的时间以来，KPI一直被用作衡量工业时代因素的指标，例如，生产率、利润、运输吨数、覆盖里程、订户、入住率等。遗憾的是，很难对不久的将来的KPI进行预测。在过去的几十年里，随着数据科学、数字网络、新媒体和管理咨询的兴起，有进取心的管理者现在可以接触到大量的测量数据——有些非常具体，如完成率或回访量，但有些更为抽象，如点击率、吸引力、幸福感、质量、满意度，等等，这些指标已开始流行起来，并成为一个部门或行业内公认的衡量标准。一些公司在推出一种大胆的新商业模式时，会坚持不以盈利能力等"老式"指标来衡量，而是通过更抽象的指标来衡量，例如，"社区调整后的税息折旧及摊销前利润（简称EBITDA，即未计算利息、税项、折旧及摊销前的利润）"或"每名实体会员的年平均会员资格和服务收入（简称ARPPM）"，正如合作物业管理巨头WeWork的情况一样。[2]这些新指标可能有帮助，也可能会适得其反，成为空洞的新词。您要确定如何在这里继续下去，并听取您所信任的那些不在您的圈子里的人的意见，以确保这些新术语有意义并让人感觉合适。

在这个新的10年之初，有无数个取代指标的新指标正在被创建。国内生产总值是衡量各种有形贸易的指标，一直也是衡量各国成功与否的金标准。现在，取而代之的是，像新西兰这样的国家正在倡导把"幸福感"作为衡量国家成功与否的首要标准。他们考虑这样做并没有错，但是，目前"幸福"的概念仍然并非一种衡量现状的标准。英国威尔士最近稍微更进一步，任命了一位后代事务专员作为未出生儿童的代理律师，并评估当前的决策对这些后代产生的影响。然而，在撰写本文时，该专员的工作仍然依赖于以当前指标表示的预测影响。[3]

阿拉伯联合酋长国是一个在未来战备评估方面走在世界前列的国家，尽管其进程尚未完全完善。长期以来，迪拜和阿布扎比酋长国的政府机构在品质和客户服务方面进行了长期衡量，现在也在衡量"未来塑造"能力和领导层提出的其他挑战，迫切需要逐步培养指数增长和发展所需的"10倍"的文化。就其性质而言，这些挑战和基准将衡量

> 您如何判断未来几十年才可能产生的影响?

和评估的问题置于有待调查的境地——您如何判断未来几十年才可能产生的影响?

团队和组织可以而且应该为影响深远的问题或计划制订长期计划，许多组织也都这样做了。这类未来计划的例子包括在1969年之前的美国登陆月球事件以及在几十年内脊髓灰质炎的根除。有目标就有价值——有一个计划（甚至是一个尚未明确的计划）来实现这些目标很有必要。大多数有价值的战略都包含成功的基准。更棘手的部分是为长期的、非实质性的问题制定短期措施，在这些问题上，回报或可衡量的事件要么发生的时间太久远，无法判断其短期的成功，要么是昙花一现。

短小的片段，松散地连接

归根结底，衡量未来的最佳方式与我们从未来进程一开始就试图理解它的方式一样：作为整体的一部分。试图在未来的某个不确定的时刻同时评估每件事情的成本、价值或进度，这可能是一项过于抽象的操作，毕竟，就其本质而言，当您到达所说的未来时，它周围的条件，甚至价值的衡量标准，都会发生变化。在通往未来的道路上标出更多可定义的点，并为这些点之间的联系制定有用的衡量标准，或者绘制易于描述的趋势以满足更大的场景，这样更具可行性，因为它允许您在继续学习的过程中调整您的理解。将许多小的投资回报率整合在一起，然后同时看，最终它们可以向您展现一个更清晰的画面。

对未来进行细分的一种方法是制定通向未来的步骤。从那个未来开始，往回追溯，找出它的进展或出现的假设性路径，可以帮助您完成这件事。那么，在场景图完成之前，最后一个大改变是什么？在那之前会发生什么？在这之前呢？像反向预测这样的工具可以帮助您识别出这些标记，这些标记可以比最终的"整体"更容易测量或描述，这是一种从理想或展望的未来到现在的逆向预测，以帮助您理解必要的条件。您还可以使用3个时间范围过程，以帮助您理清需要停止、开始或继续达到预想的未来的条件或趋势。

视觉回报率

几年前，在一个"塑造未来"的课程中，我们就测量文化和预见性需求之间似乎存在的矛盾展开了激烈的讨论。对于这个难题，我们的一个有进取心的学生提出了"视觉回报"的新颖想法。这似乎是一种恰当而新颖的方法，我们可以用它来分解抽象的或难以衡量的未来愿景，以预测其更可衡量的部分的未来价值。例如，截至1973年，美国的阿波罗计划耗资240亿美元（相当于2019年的1520亿美元），产生了一系列无可估量的创新成果、新的科学领域，以及其他副产品，这些产品深深扎根于当今世界，无法用金钱衡量其价值。[4]随着时间的推移，阿波罗计划的绝对回报率包含了比在严格的计划成本核算中所能计算的更多的利益。没有它，美国可能就没有净水器或云计算这样的东西，这两种东西都是阿波罗计划的直接和间接的副产品。[5]

在一个团体或更大的组织文化中鼓励"回归愿景"的心态，可能会像现实的未来一样，是一个长期的项目，但值得考虑的是，如何开始这场对话，建立更广泛的讨论和理解什么是长期的成功。

如今，很容易出现诸如"登月"之类的短语，但在致力于将口号转化为价值观、将衡量标准转化为成就等方面，真正做到这一点要困难得多。您的组织真的重视愿景和灵感吗？还是主要关注资金的精打细算？它在自己的财务计算中是否已经有了衡量无形资产的方法？例如，当这些活动的回报可能只能在长期内实现时，公司应如何证明为说客或招待潜在客户而支出的合理性？

现在开始对话，倡导组织的"愿景回归"观点，将为实现重要但难以实现的目标打开大门。

对衡量内容进行回顾

在这一章中，我们讨论了一些有用的、具有挑战性方法来衡量未来的具体场景和挑战。在这里，除了考虑周全、对话和认真考虑当地情况下的问题之外，没有什么黄金标准。掌握了拼凑更大未来的各个阶段的情况和工具，这很容易，但是您仍然有可能不知所措，或者发现

> 在这里，除了考虑周全、对话和认真考虑当地情况下的问题外，没有什么黄金标准。

您的同事、经理或利益相关者也同样不知所措，因为您和他们没有一起走过这段旅程。与您的客户、同事或利益相关者沟通，使流程简化和透明化可以帮助您在与未来脱轨之前缓解这些问题。

考虑到这一点，您可以花点时间四处看看，看看其他团队如何在更定性或无形的领域解决指标问题。想象一下，如果围绕着您自己设定的对话，未来会如何展开。考虑一下您的投资者、客户、支持者或利益相关者需要了解什么，以及他们的支持基于什么。对未来跃跃欲试，从来不会令人受伤。

在下一章中，我们会退一步，讨论一个团队或一个组织如何从实践和文化上判断未来从何时开始进行。您无法衡量未来的每个时刻会发生什么，或者未来与您想象的差距大小，但您可以精确地指出可以追踪的离散实践和行动，以显示其影响。

别忘了"受众"的影响

在任何未来项目中，您都可能有多个"受众"：一个小型的内部战略团队，更广泛的内部利益相关者、合作伙伴或公众。人们很容易过于关注具体的战略影响，而忘记评估您的工作对这些更广泛的内部和外部群体的影响。您是否给决策者留下了印象或将讨论转移到更广泛的决策者中？您向公众的宣传达到预期目标了吗？您可以在这里定义成功吗？如果可以，您应如何定义？

对于我们的团队和我们合作的客户来说，这是一次持续的体验。通常，我们在一开始就会让一个项目进行，在为未来投资做准备的过程中，有太多的工作要做，以至于我们可以忽略或不去收集某种可测量的形式的反馈。由于我们应用的许多实践都十分新颖，而且在回报可能会延迟时，询问人们关于未来的情况以及找到正确的影响指标的困难度，使得这一点变得更加复杂。

在最近的一个项目中，我们与创新基金会Nesta合作，我们围绕一个以社区主导的弹性未来的项目，考虑我们可以在哪里收集、反馈信息——亲自的、在线的和书面的。该项目涉及设计的人工制品，体现了虚构的未来社区对突发事件的反应，也将展示给专业观众以及公众。第一次展示时，Nesta的员工会通过交谈和叙述，将人工制品直接呈现在观众眼前。然后，进行第二次的公开展示时，人工制品会与背景材料一起呈现，以提供背景信息，但不会作为推测角色扮演中的主动道具——实际上是自我叙述。第一次的展示提供了一个机会，让我们能在初次展示后直接对参与者进行跟踪采访，了解他们的印象和对他们产生的影响，并向参与者分发简短的反馈表格。对于公众来说，通过移动设备获得的某种数字反馈更合适，而且更注重体验而非物质细节。

与任何类型的受众研究一样，您应该考虑什么最有可能为您提供有用的见解：对于相关群体来说，什么是表达他们的意见最方便和舒适的方法，以及您试图衡量什么样的影响？要注意，不要将未来体验过度商业化，只将其压缩成另一个品牌印象——动态可能会非常不同，受众对话需要经过深思熟虑并放在特定的背景中。尽管如此，结束评估循环应该能为您提供所需的投入，帮助您根据目标受众调整您的工作，并希望为未来的发展提供支持！

第8章

接下来该做什么？创建未来文化

> 我只想阻止未来，而人们却要我预知未来，最好我还能建造它。无论如何，预知未来太容易了。您看看周围的人，看看您所在的街道，感受一下清新的空气，您也能预知更多类似的情况。但我不想知道这种类似的情况，我想知道更好的事情。
>
> ——雷·布拉德伯里（Ray Bradbury）[1]

通常，在应用性未来课程结束时，我们被问得最多的问题之一是："这太棒了，我们（在教室里向其他学员做手势）现在明白了，但如何将这种能力应用于我们的团队呢？"这是未来学的核心悖论之一——作为一种应用系统思维，"未来意识"在接受不确定性和对批判性质疑持开放态度是常态（而非例外）的文化中蓬勃发展。作为孤立的群体或个人，由于有着新的思维方式，并拥有大量的工具和实践场所，因而限制着固有的社会实践的价值。

> 一旦普遍认为不确定性就等同于风险和弱点，就很难广泛地改变这些价值取向。

一旦将对不确定性的普遍态度等同于风险和弱点时，您就很难在商业或社会中广泛地改变这些价值取向。即使是在那些高层对未来持前瞻性态度的地方，根深蒂固的官僚作风和风险规避文化仍然使发展更深层次的未来文化变得困难重重。我们将在本书结论部分详细讨论如何改变这种状况，但这里我们将描述一些思考未来集体利益的方法以及一些个人指标。本章最后总结了与他人接触并生产有形产品的实用方法，以便对更加美好的未来进行种种有益的探索。

 ## 胜利的条件有哪些

　　大约在2010年的时候，我收到了一位招聘主管的电子邮件，他想要聘请一位未来主义者到一家大型的全球科技公司工作。这位招聘人员并没有直接说明他的情况，而是想先给我打个电话，向我咨询一些问题。出于职业上的好奇，我同意了。结果，好奇的是他。在这个电话会议中，这位招聘人员一开始就不好意思地承认，招聘这类职位超出了他正常的职责范围。他的职责主要是招聘中层管理人员，尤其是产品经理和业务开发人员，这两类职

位他都有明确的技能和资质评估指标。因此，我们首先讨论了这
份工作的性质，但与通常招聘谈话不同的是，我不得不向他解释
这份工作以及它通常是如何进行的。在我向他初步解释了他应该
寻找什么样的人才后，这位招聘人员就把话题转到了我的"资
历"上。

"那么，在过去的一年里，您有多少预测是正确的呢？"
他问。

"什么？"我对这个尴尬的问题有点吃惊。

"好吧，过去5年有多少？您的预测有多准确？"招聘者问
到，他换了一种缓和的方法来帮助我回答。

"我真的不这样评估我的工作，"我回答，并再次跟他解释
说，专业未来学家不以"预测"为生。

"那我该怎么衡量您的工作效率呢？您不能用销售额或准时
发货的产品来衡量自己，那么您怎么知道自己什么时候工作表现
优异呢？我怎样才能分辨出一位优秀的未来主义者和一位平庸的
未来主义者呢？"他有理由慌张，因为他试图寻找衡量良好工作
业绩的标准。这是他自己工作的标准——寻找有可靠数字证明其
工作能力的候选人，并推测其可以为他的客户带来的巨大价值。
他的公司希望探索未来（这是件积极的事情），并愿意对这种能
力进行投资（这也非常积极），但他们显然不知道在何处以及如
何评估这种投资的影响。所以，这就让我们回到了本书第7章讨论

的投资回报率的问题。

这件事让我认真思考了未来指标的问题，我开始考虑这些指标可能是什么：我们怎么知道什么时候会有影响？我们应如何判断我们通过自己的工作对变革产生了积极的影响？

作为变革者主义者团队的一个成员，我们开始从我们自己的参与和客户关系两方面来考虑这个问题。对未来的探索会因组织和情况的不同而相去甚远，因此我们选择从直接联系客户的角度出发。我们发现，最可追踪的有效性指标来自具体项目如何改变我们工作的组织中使用更广泛的对话形式，即便它稍纵即逝。虽然其他部门可能会根据出货量或收入来计算最终产品，但我们在其他方面产生的影响，有时会持续几个月、几个季度甚至几年，我们的指导方针就如同一根点燃了的缓慢燃烧的导火索。

以下是我们发现的一系列衡量方法，这些方法可以对塑造以未来为中心的长期组织行为产生积极影响。

拟定激发活动

许多管理者都会告诫团队在公司讨论时要"拿出解决方案，而不仅仅是提出问题"。无组织性的激发活动并不总受欢迎，尤其当这些激发活动暴露出弱点或缺乏知识时。通过对"如果……会怎样？"的问题拟定具体事项，在更为广泛的未来背景下，为激发活动创造一个空间。在很大程度上，工具的搭建有助于您以有用的方式激发或提出难度更大的问题。创造空间是为了将"如果……会怎样？"的问题变成"如果……那么……"，也就能得到"为什么不……呢？"这样的可能，而不是让那些与之相反的问题任其慢慢消失而不去解决。激发活动在未来会对我们大有用处。

任何时候您提出一个关注未来的问题时，您的手边都会有一些暗示、影响和可供选择的方法。您要把未来定位为一个提问和探索可能性的地方。

推动对话

无论是进行持续性未来练习还是一次性练习，您都希望对讨论的主题产生影响——将新的或以前未经考虑的想法进行公开讨论，并提供术语来命名和讨论更深层次的问题。通常，团队会对潜在风险和机遇有一种超前意识，但他们并没有一个标签或横幅标语来推动他们前进。范围界定、扫描和意义构建的过程有助于您为这些问题命名和定位，并为包括这些问题在内的未来讨论创建一个通用词汇表。

这甚至可以发生在更广泛的层面上，提高人们对未来重大问题的意识，这些群体通常不会在日常工作中思考未来。例如，2018年，全球在线零售巨头阿索斯（ASOS，英国全球性的时尚服饰及美妆产品线上零售商）在英国伦敦举办了一个有关未来问题的论坛，以作为其全球各职能部门员工聚会的一部分。与他们合作时，我们就六大主题（全球化未来、工作、经验、零售和消费、技术、通信）构建了6个对话。在数百名轮流观看的内部员工面前，我们以节目访谈的形式，在20分钟的时间里，对这些问题的重大挑战和新出现的信号进行了考察，并留出时间让观众提问。3个小时结束时，超过1000人的年轻内部团队有机会听到他们在业务中所面临的并将持续面临的问题的解决方法，而且，当回归到自己的全球角色时，他们也有办法了解未来需要注意的信号。[2]

寻找机会，就长期问题进行有意义的讨论，在当前或近期项目中，发现能代表未来声音的情境。

扩大推测范围

我们在世界各地的研讨会、公共活动、会谈和内部会议中发现的一个一致性的因素是，只要有机会和起点，几乎任何人都可以参与未来。在头脑风暴最初的几分钟里，对趋势列表、精心设计场景或制作原型茫然的凝视，最终会让位于富有成效的列表制作、文字编写、草图绘制或模型构建。无论是公众、高级管理人员、服务第一线的人，还是那些很少接触未来的外围工作人员，都是如此。他们用有用的语言和足够的结构、背景或容器（即使那只是一张空白的便条或卡片），打开推测的大门，激发出创造力。我们经常听到这样的评论："我不敢相信那个人有多么投入，而且准备好去推测或提供有趣的想法！"可视的未来以强有力的方式使推测合法化。

多年以来，我们与众多消费品牌进行过合作，这些品牌为了给虚拟的未来物品和从世界各地收集的实际物品提供展示空间创造了内部的"未来之屋"，代表着新兴趋势重要的弱信号。与公共展览类似，这些空间为组织提供了一个带来未来的机会，能让人们提出问题，并对特定的人工制品或趋势的意义或影响展开讨论。尤其在某个趋势众多的时间范围内，把这些东西展示出来，有助于组织间进行持续地交流对话，并在日常工作中不露声色地提醒人们思考未来。

鼓励推测空间。为同事或参与者提供工具和机会，以鼓励他们表达自己的推测性想法，并展示其构建的原型和情境。当有具体的话题需要考虑，并且有机会尝试自己的想象能力时，人们会更愿意这样做。

播种敏捷性

与建立积极的心理行为，或者进行健康训练或体育训练一样，您可以通过重复和锻炼新的能力来培养"肌肉记忆"。练习新东西的次数越多，您就越能学得更好。未来有助于您培养新的思维习惯。实践有助于不确定性的协调发展，但也有助于调和看似矛盾的问题组合，以及有助于同时牢记多种情景或可能的未来的能力——奥格维的"情景立场"，我们在本书的绪论中对此进行了讨论。这种敏捷性不仅适用于个人，也适用于团体和更为广泛的组织文化。随着时间的推移，您会变得更加优秀。

新加坡战略未来中心是新加坡政府的前瞻性智囊团，它定期发布主要趋势报告，而且内容越来越具有吸引力。它们有时甚至会冒险在这些报道中使用推测性道具和广告，以吸引千篇一律的政策世界之外的受众，并引起人们对未来话题的兴趣。他们还偶尔制作趋势图，帮助利益相关者思考特定问题的影响，并提供谈话和练习的对象。

让自己和其他人持续不断地接触未来的各种细微的实践——在工作中，在家里，在上下班路上……想象一下未来会有怎样的不同之处，或者我们会如何走其他道路到达自己目前的位置。利用各种趋势组合来想象它们如何产生新的东西。

> 让自己和其他人持续不断地接触未来的各种细微的实践。

影响未来的战略、创新、政策讨论

让未来在关键的讨论和决策过程中有发言权是一个理想的基准。当然，构建这个空间需要时间，而且要从小的方面开始，但是随着对未来问题研究得越来越顺畅，产生积极影响的可能性也越来越大。虽然随着项目朝着创新、战略或政策制定的方向发展，您需要努力持续展示早期阶段的未来见解，但如果在过程的后期阶段继续听到未来的声音，未来几年的回报可能会呈指数式增长。

在国家或政府层面，我们现在有了一些有趣且充满希望的指标来衡量这类影响——上文所述的英国威尔士的未来事务专员以及一些国家的政策制定者都认识到，对未来的看法在战略和政策的最高层面上占有一席之地。在经历了10年的紧缩之后，我们现在看到，在全球的主要组织内，未来意识的不同倡导者与其他职能一起，在战略、政策和创新的形成和管理中发挥作用。

为工作组或项目组指定一名"未来代表"，即使是非正式的（一开始）。留出空间来阐明当前决策对未来的影响，事先考虑可能使用哪些新的度量来估计影响，培养新信息来源，以阐明未来的可能性和实现更好结果的多种途径。

突出愿景

从现在的角度来看，长期的有远见的未来会让人感到遥远并产生渴望。那些担任未来角色的事物应该简略地担负起代表预期或最佳未来的责任，对未来发表意见，同时监测其性质的演变，或监测其期许的变化。今天，我们听到很多关于所谓的"北极星指标"作为组织指导原则的说法，遗憾的是，这些指标通常指代短期固定的衡量标准。未来可以产生更大影响，方法是保持一个固定愿景，并提醒组织，无论近期的绩效指标是什么，它们总有责任超越最近的季度或年度的绩效目标，并且重要的是要不断地评估一个遥远的目标是否仍然非常可取——并且可以实现——尽管未来的形势正在发生变化。

　　正如本书第2章所提到的，全球服务业巨头亚马逊在考虑未来可能的产品或服务的机会时，对这种方法进行了考虑。据说，该公司采用了一种他们称之为"逆向工作"的方法，该公司要求产品负责人根据头脑风暴时的概念假设未来市场介绍，并起草一份详细的新闻稿。这种方法的目的是在短期内将想法或项目的未来价值具体化。类似于"回溯"未来的工具箱，这种方法充分地锚定了一个预期的未来，以便能够清楚地考虑什么条件和动力可以在短期内使之成为可能。[3]

> 找到将长期愿景与短期任务结合起来的方法。

找到将长期愿景与短期任务结合起来的方法，鼓励他人阐明愿景与战略之间的关系。您可以偶尔花点时间通过关注紧急事件或观察在自己掌控中的新趋势来重新评估最佳未来。

公众参与

　　对于面向公众的组织来说，与利益相关者接触并引发关于未来的对话有助于建立和保持组织的凝聚力。大品牌每年会花费数亿美元购买人们对"未来"的认知，结果往往得到的是"未来洗礼"，或者是一种未来主义美学，除了将"未来"作为一种文化产物的抽象承诺之外，没有任何实质性的描述或外观。好的未来投资于诚实的公众参与和有意义的公众对话中，他们讨论什么真正重要，什么真正具有价值，以及我们如何共同实现一个共同的美好未来。

在成立了自己的内部场景团队40多年后，能源巨头壳牌公司持续发布全球性场景，目前则越来越专注于能源转型路径的建模。壳牌公司还以维持其所谓的游戏改变者（GameChanger）项目而闻名于业内。该项目以美国休斯敦和荷兰为基地，向后展望未来可能出现的创新性改革和突发性事件。这些项目的存在为有关场景和一系列正式假设的辩论搭建了一座桥梁，公众或相关行业和市场中的其他人可以仔细审查或质疑这些假设。

想办法和公众谈论未来，以寻找机会共同定义何为更好。抓住机会，对人们普遍接受的未来形象提出质疑，问问其他人对这些形象有什么不同看法。与组织外的人和团体分享自己对未来的认识，并了解他们的未来。优先考虑让代表性不足的群体参与有关未来的对话，并倾听他们的对话内容。

短期和长期步骤

从更为实际的角度考虑，具体可以实现哪些目标？可以监控哪些措施来跟踪组织内未来的进展？随着越来越多的团体和组织接受这些做法，这些清单逐渐会变长，但下面有一些想法，将未来的目标分为短期战术演习和长期战略演习。

战术方面

- 扩展战略工具组：未来工具和方法通过提供一种考虑长期可能性和影响的研究支持方法，增强和补充短期战略工具和设计思维实践，同时考虑战略适合性，以帮助当前做出切实可行的未来决策。

- 短期、长期的共同关注：事实上，未来可以通过提供结构和定义来对长期目标进行探索和应力测试，提供一种评估驱动因素及其风险和机遇的粗略规模和形状的方法，以及一种绘制预期可能的方法，从而推动创新和战略进程。

- 采用一种关于未来的通用语言：未来语言提供了通用的定义、基准和框架，用于理解未来的情况。在与我们合作的许多组织中，我们发现了用于思考和理解未来的完全不同的定义、优先顺序和模型（如果这些存在的话）。如果不加以解决，这将使团队和组织走上一条对未来机会和风险的理解、优先次序和评估方法大相径庭的道路。因此，拥有一种通用语言和公开化的共识和分歧有助于组织或团队成员间避免冲突、分离和对未来潜在的危险假设。

● 进行重要的对话：关于未来的关键对话经常发生在公众视野之外——电子邮件、封闭的办公室，当然还有公共场所和场所之外。从成立之初，我们所谓的"未来"就一直是关于优先事项的重要讨论和开放性理解，而不是将其视为一小部分指定领导者的私人担忧。这样的"未来"为我们提供了一个客观的、开放的空间或者过程，在这个空间或过程中，我们能表达对未来的希望、恐惧和渴望。

战略方面

● 建立影响力：富有成效而始终如一的未来规划有助于吸引和邀请关键利益相关者关注重要的未来趋势、战略主题和可能性活动。未来流程有助于在重要决策者和利益相关者之间建立一座概念桥梁，并有可能在更广泛的网络中协调定义、凝聚理解和连接优先事项。

● 制定议程：未来使您能够将新的主题放在战略"地图"上，并提供背景和支持，以向其他人证明为什么特定的范围2、范围3的主题应列在组织观察名单上。它还提供了一个定期可重复的过程来检测、描述和评价紧急问题，因为这些进入了您周围的视野。

● 转向前方：我们经常听到人们谈论"如何更好地面对未

来"。充其量,这意味着在发生意想不到的事情时缩短反应时间。虽然这样可以减轻受到的伤害,或者让您在机会消失之前抓住机会,但这是一种消极的防御姿态。预期是一种攻击性的姿态,不同的潜力已经被考虑或探索。当您意识到某个特定未来的可能性时,就可以随着时间的推移做出更准确的预测——在机会出现之前就进入机会空间,而不是在事实发生之后再去追赶。随着时间的推移,这不仅仅是一种能力,还是一种明显的战略优势。

● 移动可能性之窗:战略上,未来可以随着时间的推移改变一个组织或社会认为的可能发生的事情框架。通过原型和媒体的教育、物化,增加对可能未来的深思熟虑的探索,有助于形成一种思维定式,即新事物——有时是相当令人惊讶或激进的事物——既可取又可实现。战略设计师兼作家丹·希尔(Dan Hill)将他与政府规划者在战略设计中使用经验未来的工作描述为"寻找打开'奥弗顿之窗'",[4] 并引用了改变政治可能性定义的概念。"我试图让规划者对这些东西感兴趣,而不是对现状感兴趣。我轻轻地把人们推到了他们真正能接受的范围之外……"[5]

但是,有些东西只有经验才能教会我们,而对于更加美好的未来,大多数有价值的教训都将在艰难的过程中习得。以下是我

在加拿大安大略艺术设计学院的战略远见与创新计划和加拿大瑞尔森大学创意产业项目中与学生分享的一些要诀和技巧。

注意您的言行举止：每次发表演讲或主持会议时都以"谢谢"开头和结尾。这听起来很直观，几乎是很荒谬的，但我见过一些会议和研讨会，在这些会议和研讨会上，演讲者和主持人对参与者非常粗鲁或者全程保持居高临下的态度。这种态度会损害他们分享的材料的质量。即使在与同事进行小组练习时，您也要记住，您可能在向他们抛出大量的新信息。其中一些信息可能令人担忧，因为它威胁到他们的商业模式甚至职业生涯。

此外，这些人正从他们繁忙的工作中抽出时间——他们可以完成所有其他任务的时间——沉浸在可能让他们不舒服的事情中。因此，一定要礼貌待人！

罗森蒙（Rashomon）理论：就像豪斯（House）博士、夏洛克·福尔摩斯（Sherlock Holmes）、黛娜·史卡利（Dana Scully），或者其他任何您能在屏幕上看到的天才侦探一样，您的挑战可能是找出您的团队或组织所面临的未来问题的真正本质。每个小组成员将根据他们在组织中的地位、过去的经验和获得准确信息的机会，表达自己的观点。可能是由于他们对这个问题的有限看法，他们如何看待这个问题可能只是更大挑战的一个方面。就像侦探一样，您必须听完每一个故事的讲述，才能确定到底发生了什么以及是由什么原因造成的。您可能会偶然发现一个大的并发症，也可能是一个很小很小的并发症——两者都可能对结果产生影响。对未来品牌战略的困惑可能是对整个世界价值主张的误解。除非您愿意在没有判断的情况下听到相互矛盾的叙述，然后再去评价它们，否则您不会学到这些东西。您要力争看到您的团队可能只看到部分的整体。

做您的功课：除了投资一个持续的扫描过程和培养一个紧密的扫描团队之外，对每个委托客户进行背景调查也很重要。可能会有在一段简短的陈述中遗漏了的历史，或者重要的背景线索可以帮助您理解为什么客户会以特定的方式来构建他们的问题：这些客户是怎么来的？他们面临什么问题？这和他们为什么要您回答这个问题有什么关系？

制定进程路线图：这在个人促进或研讨会的微观层面和提出长期项目的宏观层面都很重要。重要的是，每个参与其中的人都知道他们所处的阶段，并能看到进程中的步骤。这样就建立了信任，信任意味着脆弱，而脆弱意味着洞察力。请记住，这个进程可能对您和您的团队来说非常新颖，您对工具也不熟悉，而且它的进度似乎很难衡量。

脆弱性意味着洞察力：对于那些花时间在咨询、辅导或者任何其他改善生活的对话机制上的人来说，这可能是显而易见的；但对于在座的每个人来说，这并不那么明显。有时候，真相很伤人。对于参与者来说，承认这一点对他们自己的业务、组织、分支机构或团队的未来，甚至对自己的个人未来都不是明智的，这可能会令人痛苦。同样，承认他们对同样的未来抱有希望和梦想也会让人神经紧张。在大多数人承认自己的脆弱性并揭示出人们真正想法和感受的核心内容之前，他们需要得到一定程度的安慰。因此，您在领导或指导未来练习时的工作是设置和保持空间，这样进程中的舒适感可以有机地发生。

使用另一家公司的趋势或第三方报告只能让您的工作到此为止。您的工作是要把问题变成您自己的问题，而不仅仅是别人的未来工作的复制品。也没有必要白费力气做重复的工作，但记住您的未来属于您，它不会出现在一份包装整齐的机构趋势报告中。您不借用别人的策略，那为什么借用他们的未来呢？

乐在其中：鉴于现有的气候、经济和社会数据，人们很容易相信未来工作在任何时候都应该极其严肃，而且这种严肃性肯定有时间和地点。但如果您不知道怎样在这种工作中找到乐趣，它可能会毁了您。"深渊凝视"可能发生在任何人身上。未来工作涉及想象力的锻炼，这是一份创造性的工作。如果您至少有一段时间不能从中得到乐趣，那么您需要重新扫描您为什么要这么做。有时很轻松，有时很阴暗，甚至有点沉重。您可以用（适当的）幽默来探索两者。

发现其他人：您的同伴在外面等着您。他们可能有完全不同的技能，不同的经历和信仰，不同的语言，不同的观点。事实上，如果他们有这些不同会更好。作为团队的一部分，彼此互补并不意味着完全一样，这意味着找到您的不同之处和相似之处是如何相互联系的，从而形成一个有效的整体。

玛德琳·阿什比

结　论

在未来，我们将永远没有时间解决我们的救赎问题。挑战就在眼前，时间总是现在。

——詹姆斯·鲍德温（James Baldwin）[1]

本书的核心思想始于2017年的新加坡，在那里我们周围的零售商店充满了对未来的憧憬，它们认为未来将十分光明、令人惊叹、不偏不倚、个人化且非常另类。新加坡也是本书写作接近尾声时我们所处的地方，一个不同凡响的空间。

我再次来到新加坡时，是作为一次多站旅程的一部分。我首先在阿拉伯联合酋长国的迪拜和阿布扎比停留，为其卫生、体育、安全和其他部门的政府代表提供未来发展培训，然后前往新加坡，此地目前正被从邻国飘来的棕榈油烟雾笼罩着。今天，飘浮在城市上空的油烟还不算太浓，肯定没有2015年我第一次来的时候那么严重。幸运的是，一场大雨过后天空开始放晴。

新加坡标志性的未来主义建筑线条、绿色楼房和蓝色树木，从另一个维度标志着这个城市国家的全方位美景。这是一个彰显了后现代主义外观的城市，但其背后却正如一位当地同事在喝咖啡时对我说的那样："一个古老的成长中的森林"，它为了社会和人民的长远利益，需要一代又一代人来照料。新加坡正在同时拥抱近期未来和远期未来。它通过不断地为自己提供新的投入、计算、考虑和利用其本土人才反复检查和重新规划其人民的最佳未来，来保持一种"情景立场"。这座城市热闹非凡。

我在那里参加了两个活动——一个关于人工智能可能的未来的研讨会和在一个新的体验式未来展览的开幕式上参观及发言，该展览着眼于艺术家和作家对新加坡未来200年的展望。这两件事丰富多彩且具有激励性，但都预示着一个不同于2017年商店销售的未来。人工智能研讨会非但没有被称为灵丹妙药，反而以一些非常严肃的对话为主，夹杂着现实主义和对人工智能及其前身机器学习在商业、治理和社会中的权力差异已经加剧的压力的认识。参与这个研讨会的很多人都觉得我们对它的评估非常诚实，但我们也认识到，要确保人工智能支持一个更加公平、更加道德的未来，而不是扩大差距，我们在这方面还有大量的工作要做。

体验式未来展描绘了2219年这座城市的几个场景和故事，让人感慨万千。尽管我们对新加坡人民坚持走向未来的意愿持乐观态度，但将气候变化作为一种明显的生存威胁的公开描述在大多数报道中都居于前端和中心位置。2219年，今天我们所站的这个岛上还会有一个城市国家吗？生活会有怎样的不同？在这些未来条件下，我们如何定义"繁荣"？社会如何变革？我们在哪里可以看到今天和近代历史中的信号？从这个未来来看，我们做了哪些选择，没有做哪些选择？

两年后，反映在我们身上的未来实质发生了变化。作为过渡期的考验，我们所面临的问题的基调不是令人眩晕的自信和自我肯定，而是带有一种残酷的现实主义的沉重感。这两种感觉现在并肩而立。具有讽刺意味的是，当我看到这些关于亚洲未来发展的感人画面时，我的推特上的视频还主要是关于埃隆·马斯克在一个烟雾弥漫的洛杉矶打破了由牢不可破的防弹玻璃制成的窗户的视频。在新加坡时，我与见多识广的远见专业人士和艺术家的讨论都集中在一个中心主题上：我们如何应对由气候变化产生改变的未来带来的冲击？我们如何从一臂之遥的沉思——一个关于潜在影响的抽象模型的"会不会有"的辩论——转变为一种街道层面的预期和行动？鉴于我们面临的最新事实和对远近未来的评估，最佳的前进道路是什么？

这不是一个"增长极限"的时刻。我们更容易忽视1972年的数据增长，因为这是一个更容易被告知的资源增长的时刻。到了2020年，也就是50年后的今天，全世界都被准时制供应链和零时雇佣合同❶所包围，以使事情继续运转，而最新的环境评估显

---

❶ 指雇主雇佣员工却不保证给其安排工作的合同制工作。签这种合同，意味着员工只有在有工作要求时工作，且要随叫随到，做多少工作得多少报酬。——编者注

示，我们的变化速度还不够快，无法避免人类生存的永久性改变。我们的优先事项需要调整，我们需要更鲜活的思维和更完善的工具。

能源和资源管理并非需要做出重大调整的孤立系统，它们是互联网络的一部分，这个网络包括流动性和住房、食物系统、水和农业管理、精神和身体保健、工作、社会、收入和政治平等、新的教育模式等。我们不需要从闭门造车式的前瞻性专家那里一次性地了解"X的未来"，而需要持续不断应用性地评估、分析、绘制地图和战略设计，以便找到理解这些更广泛目标的方法。从商业企业到治理，再到第三部门和公民社会团体的努力，每一种形式的工作都会触及这些转变，同时也被这些转变所影响。

正如我们在一开始所说的，本书的目的不是为了培养专业的未来学家、战略远见分析师，或者在一次阅读中把新手变成

> 我们的目的是为所有面临即将到来的变革洪流的人提供一套基本的工具集。

专家，我们的目的是为所有面临即将到来的变革洪流的人提供一套基本的工具集，无论是社会、技术、经济、环境或政治方面（或者，让我们直面上述所有的一切），并为读者提供比最初更好的方向感、能力和洞察力，因为他们面临着大大小小的挑战。

对于未来的练习，您必然会以短跑和日常徒步旅行的形式进入未来的风景，而不将其当作一次性的大探险。这是一个能用纸和笔单独解决的小问题，可以让您在一个感兴趣的话题中思考一下变化的驱动因素。您可能会在这些场景中发现自己：与亲密的同事共度的一天、空白的画布和开放的思想、在一个棘手的问题上取得进展的期待；在同学间分享的一个进行了一个学期的项目，旨在为其他人改善未来的环境；一个工程师团队想要在他们行业的下一个大的范式转变上迈出第一步；政策制定者试图提前解决紧急问题，并制定预期监管；两位积极分子努力想象在一个充满挑战的系统中进行正确的高影响力干预；一个有创造力的头脑想知道如何用一种方式来描述一个世界，以帮助其他人以不同的方式看待他们的现在和未来；一个想要领导他的团队和组织为一个更加美好的未来出谋献策的经理。

未来环境下的领导力，与其说是为他人设定愿景，颠覆行业，扩大初创企业的规模，或者为企业家精神定价（即通过所谓的创新创造财富），不如说是利用一种知情、实用的方法，找到一条通向包容性、集体性的复杂道路，优先选择未来并引导其他人沿着这条道路前进。

作为此文本的读者，您可以选择按照自己的意愿来处理此文本。理想的未来由您来定义：一个更赚钱的底线，一个成功登月的机会，一个更知名的品牌，一个更大或更加灵活的组织——这些都是您自己的选择。我们要求您花一点时间考虑一下您和您支持的人可以做些什么来为您的未来做出必要的过渡和转变。

对现实进行改良

　　我们将引用两位个人导师的话作为结语，他们每个人都以种种不同的方式影响了我们作品的形成。第一个是由作家沃伦·埃利斯（Warren Ellis）于2012年在一个作家、设计师、思想家和艺术家聚会上发表的演讲，他们中的许多人继续影响着我们和我们在这里所写的内容。

> "改良现实就是要看清自己的处境，然后想办法将其变得更好。"

　　"做一个未来主义者，追求改良现实，不是不断逆流而上，等待未来的到来。改良现实就是要看清自己的处境，然后想办法将其变得更好。"

　　这种观点的一个更直接的说法是，我不止一次听到吉纳维芙·贝尔（Genevieve Bell）博士在她在世界各地频繁举办的讲座上所说的话。贝尔博士是人类学家、杰出教授、澳大利亚国立大学佛罗伦萨·麦肯齐主席，英特尔公司副总裁兼高级研究员。当谈到技术、文化和未来时，她经常引用自己的母亲、人类学家黛安·贝尔（Diane Bell）和她说过的话："如果您看到了一个更加美好的世界，在道义上您有义务让这样的世界成为现实。"

　　我们希望本书能以我们自己的方式为您提供一些工具、见解和想法，也鼓励您这样做。无论您选择怎样的未来，都要努力让世界变得更加美好，并引导他人也朝着这样的目标奋进。

参考文献

前　言

1.Gordon, A V et al. (2020) 50 years of corporate and organizational foresight: looking back and going forward, *Technological Forecasting and Social Change*, vol. 154, p. 119966.

2.Bjorklund, G J and Sioshansi, F (1988) Planning for uncertainty: a case study, *Technological Forecasting and Social Change*, vol. 33, no. 2,pp. 119–148.

3.Rohrbeck, R and Schwarz, JO (2013) The value contribution of strategic foresight: insights from an empirical study of large European companies, *Technological Forecasting and Social Change*, vol. 80,no. 8, pp. 1593–606.

4.Gordon et al., 50 years of corporate and organizational foresight.

5.Sterling, B (2004) The singularity: your future as a black hole, The Long Now, 11 June [online] http: //longnow.org/seminars/02004/ jun/11/the-singularity-your-future-as-a-black-hole/ (archived at https: //perma.cc/D8PZ-SSK4) [accessed 12 December 2019].

6.Klein, G (2001) *Sources of Power: How People Make Decisions*, MIT Press.

致　谢

1.Jones, S (2019) Ursula K. Le Guin's Revolutions, Dissent, Summer [online] www.dissentmagazine.org/article/ursula-k-le-guins-revolutions (archived at https: //perma.cc/H6M3-3KFF) [accessed 27 September 2019].

绪　论

1.Ogilvy, J (2011) Facing the fold: from the eclipse of utopia to the restoration of hope, *Foresight*, vol. 13, no. 4, pp. 7–23.

第1章

1. Sterling, B (2004) The singularity: your future as a black hole,The Long Now, 11 June [online] http: //longnow.org/seminars/02004/ jun/11/the-singularity-your-future-as-a-black-hole/ (archived at https: //perma.cc/D8PZ-SSK4) [accessed 12 December 2019].

2. Kahnemann, D and Lovallo, D (1993) Timid choices and bold forecasts: a cognitive perspective on risk taking, *Management Science*, vol. 39, no. 1, pp. 17–31.

3. Box, G E P (1976) Science and statistics, *Journal of the American Statistical Association*, vol. 71, pp. 791–799.

4. Kinsley, S (2019) Present futures: automation and the politics of anticipation, *Futures of Work*, 31 July [online] https: //futuresofwork. co.uk/2019/07/31/ imagining-automation-present-futures-and-the-politics-of-anticipation/ (archived at https: //perma.cc/E2AU-UR9A) [accessed 14 August 2019].

5. Inayatullah, S (2008) Six pillars: futures thinking for transforming, *Foresight*, vol. 10, no. 1, pp. 4–21.

第2章

1. Graham, D A (2014) Rumsfeld's knowns and unknowns: the intellectual history of a quip, The Atlantic, 27 March [online] www.theatlantic.com/ politics/archive/2014/03/rumsfelds-knowns-and-unknowns-the-intellectual-history-of-a-quip/359719/ (archived at https: //perma.cc/B24S-9RKG) [accessed 28 November 2019].

2. Candy, S (2010) The futures of everyday life: politics and the design of experiential scenarios, PhD thesis, Department of Political Science, University of Hawaii at Manoa, www.researchgate.net/publication/305280378_The_ Futures_of_Everyday_Life_Politics_and_ the_Design_of_Experiential_

Scenarios (archived at https: //perma. cc/436K-W8SE）.

3.Bort, J (2016) How Amazon 'works backwards' to new ideas, *Business Insider*, 27 September [online] www.businessinsider.com/amazon-unusual-process-to-decide-on-new-products-2016-9 (archived at https: //perma.cc/ R378-RL3Y) [accessed 21 September 2019].

第3章

1.Walker, R (2019) TAoN #29: crate-dig reality, Robwalker.substack. com [online] https: //robwalker.substack.com/p/taon-29-crate-dig-reality (archived at https: //perma.cc/5GLT-HVCL) [accessed13 October 2019].

2.ReportLinker (2017) Smartphone statistics: for most users, it's a 'round-the-clock' connection, 26 January [online] www.reportlinker. com/insight/ smartphone-connection.html (archived at https: //perma. cc/Z2YD-NW7R) [accessed 29 September 2019].

3.Braudel, F and Mayne, R (2005) *A History of Civilizations*, PenguinBooks.

4.Nova, N (2016) Peripheral ethnographies, *Pasta and Vinegar*, 16 October [online] www.nicolasnova.net/pasta-and-vinegar/2016/10/18/ peripheral-ethnographies (archived at https: //perma.cc/FD4J-CXZE) [accessed 29 September 2019].

5.Tetlock, P and Gardner, D (2016) *Superforecasting*, Random House.

6.Dufva, M (2019) What is a weak signal? , Sitra, 9 January [online] www. sitra.fi/en/articles/what-is-a-weak-signal/ (archived at https: //perma.cc/R34W-MJ8Q) [accessed 29 September 2019].

7.Polak, F L and Boulding, E (1973) *The Image of the Future*, Elsevier.

8.Textor, R B (1995) The ethnographic futures research method: an application to Thailand, *Futures*, vol. 27, no. 4, pp. 461–471.

9.Greenman, A and Smith, S (2006) Embed: mapping the future of work and play: a case for 'embedding' non-ethnographers in the field, *Ethnographic*

Praxis in Industry Conference Proceedings, vol. 1,pp. 229–443.

10.Allardice, L (2018) Margaret Atwood: 'I am not a prophet. Science fiction is really about now', Guardian, 20 January [online] www.theguardian.com/ books/2018/jan/20/margaret-atwood-i-am-not-a-prophet-science-fiction-is-about-now (archived at https: //perma. cc/2J2P-8WAA) [accessed 12 October 2019]; Kellogg, C (2014) William Gibson coaxes the future out of the present, *Los Angeles Times*, 30 October [online] www.latimes.com/books/ jacketcopy/la-ca-jc-william-gibson-20141102-story.html (archived at https: //perma.cc/KZX6-TQQF) [accessed 12 October 2019].

11.Slaughter, R A (1997) Developing and Applying Strategic Foresight, *ABN Report*, vol. 5, no. 10, pp. 13–27.

12.Ellis, W (2016) *Normal: A Novel*, FSG Originals.

13.Bethune, S and Lewan, E (2017) APA Stress in America survey: 'US at lowest point we can remember; ' future of nation most commonly cited source of stress, APA.org, 1 November [online] www.apa.org/ news/press/ releases/2017/11/lowest-point (archived at https: //perma. cc/H72H-GTAB) [accessed 18 September 2019].

14.Haynes, T (2018) Dopamine, smartphones, & you: a battle for your time, Harvard University Science in the News, 1 May [online] http: //sitn.hms. harvard.edu/flash/2018/dopamine-smartphones-battle-time/ (archived at https: //perma.cc/PX76-ZZ2D) [accessed 18 September 2019].

15.Rus, H M and Tiemensma, J (2017) Social media under the skin: Facebook use after acute stress impairs cortisol recovery, *Frontiers in Psychology*, vol. 8, p.1609 [online] www.ncbi.nlm.nih.gov/pmc/ articles/PMC5610684/ (archived at https: //perma.cc/6SMB-JC4L) [accessed 18 September 2019].

16.Guillory, J, Kramer, A and Hancock, J (2014) Experimental evidence of massive-scale emotional contagion through social networks, *Proceedings of the National Academy of Sciences of the United States of America*, vol. 111, no. 24, pp. 8788–8790, www.pnas.org/ content/111/24/8788.full (archived at https: //perma.cc/6JAK-98TX) [accessed 18 September 2019].

17.Ogilvy, J (n.d.) Facing the fold or from the eclipse of utopia [online] www. benlandau.com/wp-content/uploads/2015/06/Ogilvy-Facing-the-Fold.pdf (archived at https: //perma.cc/QR76-28QD) [accessed 11 March 2020].

第4章

1.Solnit, R (2016) *Hope in the Dark: Untold Histories, Wild Possibilities*, Haymarket Books.

2.Pujadas, R (2019) Wardley mapping as a sensemaking practice within digital ecosystems, paper presented to MapCamp2019, London, 15 October [online] www.map-camp.com/assets/slides/london-2019/ roser-pujadas.pdf (archived at https: //perma.cc/SC4K-TK2H) [accessed 27 October 2019].

第5章

1.Meadows, D H and Wright, D (2008) *Thinking in Systems: A Primer*, Chelsea Green Publishing Company.

2.Kahn, H and Wiener, A J（1967）The use of scenarios, Hudson Institute [online] www.hudson.org/research/2214-the-use-of-scenarios (archived at https: //perma.cc/566P-DEWN) [accessed 1 November 2019].

3.Jain, A (2017) Can speculative evidence inform decision making today？, Superflux, 31 May [online] http: //superflux.in/index.php/speculative-evidence-inform-decision-making/ (archived at https: //perma.cc/D39H-L578) [accessed 6 November 2019].

4.Wiener and Kahn, The use of scenarios.

5.Smith, S (2018) Speculative humanitarian futures, Medium, 14 September [online] https: //medium.com/phase-change/speculative-humanitarian-futures-

9ce9a76dbf38 (archived at https: //perma. cc/639Q-GBJR) [accessed 6 November 2019].

6.Oatley, K (2008) The mind's flight simulator, *The Psychologist*, vol. 21, no. 12, pp. 1030–1032.

第6章

1.Graeber, D (2015) *The Utopia of Rules: On Technology, Stupidity, and the Secret Joys of Bureaucracy*, Melville House.

2.Dunne, A and Raby, F (2013) *Speculative Everything: Design, Fiction, and Social Dreaming*, MIT Press.

3.Candy, S (2018) Experiential futures: a brief outline, The Sceptical Futuryst, 31 October [online] https: //futuryst.blogspot.com/2018/10/experiential-futures-brief-outline.html (archived at https: //perma.cc/ FSL9-WP4H) [accessed 10 November 2019].

4.Bleecker, J (2009) Design fiction: a short essay on design, science, fact and fiction, Near Future Laboratory, https: //shop.nearfuturelaboratory.com/ products/design-fiction-a-short-essay-on-design-science-fact-and-fiction (archived at https: //perma.cc/BX6Z-DHCL) [accessed 10 November 2019].

5.Candy, S and Dunagan, J (2016) Designing an experiential scenario：*The People Who Vanished, Futures*, vol. 86, pp. 136–153.

6.Foster, N (2013) The future mundane, Core77, 7 October [online] www.core77.com/posts/25678/The-Future-Mundane (archived at https: //perma.cc/ YJ7S-LWY3) [accessed 11 November 2019].

7.Raford, N (n.d.) On glass & mud: a critique of (bad) corporate design fiction [online] http: //noahraford.com/?p=1313 (archived at https: //perma.cc/A6XU-LXW6) [accessed 11 November 2019].

8.Smith, S (2012) Exploring object-oriented futures at Emerge 2012, Changeist, 3 April [online] www.changeist.com/changelog/2012/4/3/exploring-object-oriented-futures-at-emerge-2012.html (archived at https: //perma.cc/YW9H-5DJ5) [accessed 11 November 2019].

9. Smith, S (2014) Winning Formula: future of data and football, Changeist, 11 June [online] www.changeist.com/changelog/2014/6/9/winning-formula-one-future-of-data-and-sport (archived at https: //perma.cc/3VNR-HCGK) [accessed 11 November 2019].

10. Candy, S (2013) Time machine/reverse archaeology, pp. 28–30 in Briggs, C (ed.）, *Seventy-two Assignments: The Foundation Course in Art and Design Today*, PCA Press.

11. Extrapolation Factory (n.d.) [online] https: //extrapolationfactory. com/ Homepage (archived at https: //perma.cc/RA7A-HZV8) [accessed 11 November 2019].

12. TBD Catalog (n.d.) [online] http: //tbdcatalog.com/ (archived at https: // perma.cc/L8SW-UC6J) [accessed 11 November 2019].

13. Smith, S (2014) Lossy futures, Changeist, 21 February [online] www. changeist.com/changelog/2014/1902/lossy-futures (archived at https: //perma.cc/VRG8-LP65) [accessed 11 November 2019].

14. Dunagan, J (2019) State of the world 2019, The WELL, 3 January [online] https: //people.well.com/conf/inkwell.vue/topics/506/State-of-the-World-2019-page02.html (archived at https: //perma.cc/74RT-82LF) [accessed 9 November 2019].

第7章

1. Don't make a decision without this woman, *Evening Standard,* 6 September 2013, www.standard.co.uk/lifestyle/london-life/don-t-make-a-decision-without-this-woman-8801650.html (archived at https: //perma.cc/C2BG-LEZP) [accessed 26 November 2019].

2. Griswold, A (2019) Get ready for some creative accounting in We Work's

IPO filing, Quartz, 13 August [online] https://qz.com/1685919/wework-ipo-community-adjusted-ebitda-and-other-metrics-to-watch-for/ (archived at https://perma.cc/6ZXM-K2N6) [accessed 24 November 2019].

3. Balch, O (2019) Meet the world's first 'minister for the unborn', Guardian, 2 March, www.theguardian.com/world/2019/mar/02/meet-the-worlds-first-future-generations-commissioner (archived at https://perma.cc/FCJ2-4VQT) [accessed 24 November 2019].

4. Knapp, A (2019) Apollo 11's 50th anniversary: the facts and figures behind the $152 billion moon landing, Forbes, 20 July, www.forbes.com/ sites/ alexknapp/2019/07/20/apollo-11-facts-figures-business/ (archived at https：// perma.cc/CGZ8-E3VX) [accessed 26 November 2019].

5. Marcus, B (2019) 27 innovations we use constantly but that you (probably) didn't know were from the NASA space program, Inc.com, 19 July [online] www.inc.com/bill-murphy-jr/27-innovations-we-use-constantly-but-that-you-probably-didnt-know-were-from-nasa-space-program.html (archived at https://perma.cc/JB3P-GKEJ) [accessed 26 November 2019].

第8章

1. Bradbury, R (1991) *Yestermorrow: Obvious Answers to Impossible Futures*, Odell/Capra Press.

2. Smith, S. (2018) Six conversations about the future, Changeist, 11 April [online] www.changeist.com/changelog/2018/4/11/six-conversations-about-the-future (archived at https://perma.cc/7UQ2-YMER) [accessed 19 December 2019].

3. D'Onfro, J (2015) Why Amazon forces its developers to write press releases, Business Insider, 12 March [online] www.businessinsider.com/heres-the-surprising-way-amazon-decides-what-new-enterprise-products-to-work-on-next-2015-3 (archived at https://perma.cc/ RT4G-NNMN) [accessed 19

December 2019].

4.Hill, D (2019) 'Change the Model': an interview about drip-feeding culture change via strategic design, Medium, 16 November [online] https: //medium. com/dark-matter-and-trojan-horses/change-the-model-an-interview-about-drip-feeding-culture-change-via-strategic-design-305e5b433faa (archived at https: //perma.cc/THV6-3K9N) [accessed 29 November 2019].

5.The Overton window, from a theory developed by Joseph Overton, is defined as the range of acceptability of possible political policies at a given time.

结　论

1.Baldwin, J (1989) *Conversations with James Baldwin*, University Press of Mississippi, p. 10.

2.Meadows, D H and Club of Rome (eds) (1972) *The Limits to Growth: A Report for the Club of Rome's Project on the Predicament of Mankind*, Universe Books.